Jaqueline Ganzert Afonso

Petrobras, ou comment devenir une grande puissance petrolière

Jaqueline Ganzert Afonso

Petrobras, ou comment devenir une grande puissance petrolière

Éditions universitaires européennes

Impressum / Mentions légales
Bibliografische Information der Deutschen Nationalbibliothek: Die Deutsche Nationalbibliothek verzeichnet diese Publikation in der Deutschen Nationalbibliografie; detaillierte bibliografische Daten sind im Internet über http://dnb.d-nb.de abrufbar.

Information bibliographique publiée par la Deutsche Nationalbibliothek: La Deutsche Nationalbibliothek inscrit cette publication à la Deutsche Nationalbibliografie; des données bibliographiques détaillées sont disponibles sur internet à l'adresse http://dnb.d-nb.de.

Coverbild / Photo de couverture: www.ingimage.com

Verlag / Editeur:
Éditions universitaires européennes
ist ein Imprint der / est une marque déposée de
OmniScriptum GmbH & Co. KG
Heinrich-Böcking-Str. 6-8, 66121 Saarbrücken, Deutschland / Allemagne
Email: info@editions-ue.com

Herstellung: siehe letzte Seite /
Impression: voir la dernière page
ISBN: 978-3-8417-4824-9

Résumé

La planification de la politique économique au Brésil a été proposée dans les années 1950 avec le but de promouvoir l'indépendance et le développement économique du pays. Cette planification serait réalisée grâce à l'intervention de l'État par le contrôle de l'économie et des marchés, et par la création des entreprises publiques et des secteurs prioritaires, y compris l'énergie. L'État a créé Petrobras dans le but d'encourager la croissance économique du pays, afin de faire croître le pays grâce au contrôle des cycles de production. C'est pourquoi le gouvernement commença à assumer la croissance et à financer les investissements nécessaires pour construire un environnement industriel pour le Brésil. La création de Petrobras se passa avant même la connaissance du sous-sol brésilien ainsi qu'au début de l'extraction pétrolière, croyant en la capacité productrice du Brésil. La planification développementaliste s'est prolongée dans tous les gouvernements, en l'adaptant afin d'évoluer, mais en devenant plus présent par le soutien du secteur privé. Grâce à la politique nationaliste et interventionniste dans l'économie, cela a été caractérisé par l'implication des parties de gauche et de droite, à savoir, le nationalisme n'a pas été dépendant de leur positionnement politique, mais plutôt de l'idéologie économique défendue. Ainsi, la création de Petrobras a été un acte de foi dans la vie politique, un élément de volonté et d'engagement de l'État en faveur du développement de l'énergie, devenant la base de l'économie du Brésil.

Mots-clés: développementalisme, nationalisme, volontarisme, *ufanismo*, politique économique, entreprise publique, secteur de l'énergie pétrolière.

Abstract

In the 1950s, a strategy for Brazil's economic policy was proposed with the goal of promoting economic development and independence. This goal would be accomplished through government intervention, state control of markets, and the division of state-owned and private sectors. The state created Petrobras whose purpose was to encourage economic growth within the energy sector. Through Petrobras, the government began to subsidize the infrastructure necessary to build an industrial profile. Petrobras' creation occurred prior the knowledge of the true wealth of Brazilian natural resources and prior to any active drilling. The state believed and trusted in Brazilian ingenuity and capacity for production. Subsequent administrations continued this policy with support from the private sector, though the policy itself has evolved over time to adapt to modern society. This nationalistic policy and economic interventionism was characteristic of both left and right political parties, demonstrating an economic ideology that transcended political idealism. In a sense, the creation of Petrobras was an act of faith on the part of the state to allow for the development of the energy sector, and the faith state showed in Brazilian resourcefulness was rewarded by an ensuing economic prosperity for the entire country.

Keywords: developmental state, nationalism, voluntarism, *ufanismo*, political economy, public company, oil energy sector.

v

Resumo

O planejamento da política econômica no Brasil foi proposto nos anos 1950 com intuito de promover a independência e o desenvolvimento econômico do país. Seria realizado por meio da intervenção do Estado pelo controle da economia e de mercados, e através da criação de estatais e de setores prioritários, dentre eles a energia. O Estado criou a Petrobras cuja proposta visava incentivar o crescimento econômico por meio próprio, ou seja, crescer através da detenção dos ciclos produtivos. O governo passou a assumir, então, o crescimento e a arcar com os investimentos necessários para a construção de um perfil industrial. A criação da Petrobras aconteceu mesmo antes do conhecimento sobre o subsolo brasileiro ou do início das extrações, pois acreditava-se e confiava-se na capacidade brasileira de produzir. O planejamento desenvolvimentista se estendeu por todos os governos que sucederam, adaptando à proposta à fim de evoluir, mas mantendo-se presente justamente pelo apoio do setor privado. Através da política nacionalista e do intervencionismo da economia, teve como característica o envolvimento com partidos de esquerda e de direita, ou seja, o nacionalismo não dependia de posicionamento político, mas de vertentes de ideologia econômica. De certo modo, a criação da Petrobras foi um ato de fé da política, um elemento de vontade do Estado em prol do desenvolvimento energético, como base da economia brasileira.

Palavras-chave: desenvolvimentismo, nacionalismo, voluntarismo, ufanismo, política econômica, empresa pública, setor energético de petróleo.

Table des Matières

Liste des Graphiques

Liste des Figures

Liste des Sigles

ALPRO : Aliança para o Progresso

ANP : Agência Nacional de Petróleo

BNDE(S) : Banco Nacional de Desenvolvimento Econômico e Social

BOE : Barrils of Oil Equivalent

CACEX : Carteira de Comércio Exterior do Banco do Brasil

CENPES : Centro de Pesquisas Leopoldo Américo Miguez de Mello

FOB: Free on board

IBRE-FGV : Instituto Brasileiro de Economia, da Fundação Getúlio Vargas

ISEB : Instituto Superior de Estudos Brasileiros

NTT : Núcleo de Transferência de Tecnologia

OPEP : Organisation des pays exportateurs de pétrole

PAEG : Programa de Ação Econômica do Governo

PDVSA : Petroleo de Venezuela Sociedad Anonima

PEI : Política Externa Independente

PIS/PASEP : Programa de Integração Social

PND : Programa Nacional de Desenvolvimento

PPSA: Pré-Sal Petróleo S.A.

PT: Partido dos Trabalhadores

REDUC: Refinaria de Duque de Caxias

SALTE: Saúde, Alimentação, Transporte e Energia

SUMOC: Superintendência da Moeda e do Crédito

USAID: United States Agency for International Development,

YPF: Yacimientos Petrolíferos Fiscales

ZEE: Zone Économique Exclusive

Pro Brasilia fiant eximia. *

* Pour le Brésil, faites de grandes choses.

Écrit sur les Armoiries de l'État de São Paulo.

Remerciements

Je tiens, en premier lieu, à remercier mon directeur de recherche, Professeur Philippe Faucher pour m'avoir transmis sa connaissance du passionnant monde du développementisme et des sources énergétiques, pour ses encouragements, ses conseils, sa patience et sa disponibilité. Je suis heureuse d'avoir eu l'opportunité de travailler à ses côtés.

Je tiens également à remercier Monsieur Natalio Stica pour tous les matériaux fournis, ainsi que ses précieuses indications de recherche.

Je tiens aussi à remercier à Petrobras pour l'envoi des matériaux du Brésil, et pour le temps consacré à mon étude.

Je remercie les Professeurs Eduardo Saldanha, Etiane Caloy, Juliano Cortinhas, Rafael Ranieri, et Angela Moreira de m'encourager à poursuivre mes études, et pour avoir grandement contribué à sa réussite.

À mes amis pour les moments de distractions nécessaires, d'encouragement et de support, spécialement en pensant a Carina et Mike, qui, bien qu'aux États-Unis, ont été extrêmement présent, et pour Julien qui m'a beaucoup aidé avec le français.

À ma famille, pour leur support, leur générosité, et pour me rappeler, en tout temps, que dans la vie tout est simple. Merci d'être toujours là et pour leur indéfectible soutien.

Introduction

Cette étude aborde la naissance et l'évolution du processus développementaliste de l'économie brésilienne. Cette recherche soulève l'hypothèse selon laquelle l'État s'est basé sur l'interventionnisme et sur le nationalisme pour mettre en œuvre un programme développementaliste. En mobilisant des fonds publics, l'État a contrôlé le marché et s'est assuré de détenir le pouvoir sur l'application des mesures requises pour assurer la croissance. La société d'État Petrobras, créée en 1954 a été l'instrument prioritaire du développement du secteur énergétique. Ce processus s'inscrit dans un courant traditionnel de l'économie brésilienne, puisque l'État a déjà investi sous l'ère caféière (1817-1930). L'objet de cette étude est d'analyser le processus politique du « parrainage financier » de la politique brésilien, au cours duquel les financements publics ont été utilisés à perte, sans même participer à la croissance de l'économie. De fait, il en ressort que ces fonds ont plus exactement servi des intérêts politiques que des intérêts économiques. Ce processus traduit la volonté de l'État de maîtriser la production d'énergie. Ainsi Petrobras servira d'outil pour contrôler sa production. L'énergie est la clé du développement industriel brésilien.

L'importance de l'étude de la croissance économique étroitement liée au développement de Petrobras, nous renvoie à l'analyse du rôle que joue l'État en tant qu'"agent" et "agence" de développement, puisque celui-ci finance son développement (agent) et promeut les sources d'énergie pour Petrobras qui ramasse le rôle de médiateur du développement de l'industrie et indirectement de l'économie (agence). Petrobras est un outil essentiel à la transformation de l'économie brésilienne. Petrobras est une entreprise d'État en vertu de la loi du monopole énergétique énoncée par le législateur dès la création de la firme.

La stratégie de Petrobras et la situation de monopole reflètent les aspirations de l'État en matière de maîtrise et de contrôle énergétique. En d'autres termes, cela revient à dire que Petrobras a indirectement acquis un *statut* comparable à celui de ministère d'État. La relation de monopole énergétique s'oriente vers une relation de contrôle sur le territoire de l'État – à la fois au sens militaire et politique ; en matière de protectionnisme économique. Petrobras s'est chargée de l'acquisition et de la maîtrise des sources énergétiques brésiliennes et a défini un cycle productif sur l'ensemble du territoire national. Il existe dès l'"abrogation" du monopole, la volonté d'altérer le rôle d'État dans la branche énergétique. L'État devient l'actionnaire majoritaire d'une compagnie au capital ouvert. Néanmoins, certains observateurs qualifient cette situation de "semi" monopole. L'État conserve, en tant qu'actionnaire majoritaire, un pouvoir décisionnaire sur l'entreprise, et continue de tirer les ficelles de la compagnie dans le respect de l'intérêt national. Il reste un acteur majeur du développement national aux yeux des marchés internationaux. Finalement, cette étude révèle que l'État s'est engagé à financer le développement de Petrobras, sans toutefois contrôler les pertes résultant de ses politiques interventionnistes.

La politique d'industrialisation énergétique brésilienne s'est heurtée à un problème majeur : l'absence de gisements pétroliers sur le territoire national. Petrobras a été créée avant les premières découvertes de gisements de pétrole à une période où une profonde volonté et une "foi" politique préconisaient de poursuivre les financements alloués à ce secteur. Néanmoins, les principaux éléments de cette étude s'intéressent à l'analyse du processus de "création" du pétrole brésilien, qui a servi de base au nationalisme économique, et aux fonds alloués dès l'institution de Petrobras. L'État a essuyé un double échec – aussi bien sur le plan financier que sur le plan scientifique – pour des projets et des recherches qui n'ont pas bénéficiés à l'économie. Cela ne l'a pas empêché de ne pas tenir compte des rapports scientifiques et de continuer à investir massivement dans sa quête de pétrole effrénée, pour réduire les importations d'hydrocarbures et mettre en place un cycle productif national. Au fond, la décision d'intervenir ou non sur l'activité économique et les secteurs publics garantit la mainmise de l'État dans ces domaines. Le nationalisme économique est ainsi devenu un enjeu essentiel à la croissance économique, indépendamment des orientations politiques de droite ou de gauche.

Cette recherche révèle que l'absence de pétrole a été compensée par l'importation d'hydrocarbures et par la réalisation de travaux de recherches scientifiques au Brésil, dans le respect des intérêts nationaux. Le processus de nationalisme économique brésilien démontre comment l'État peut, moyennant des investissements colossaux, définir et assurer le développement de la nation. Le Brésil a traversé une étape singulière : le pays était soumis au bon vouloir du volontarisme d'État pour assurer que la "création" de pétrole n'était qu'une alternative énergétique, bien que le financement de ces politiques nationalistes pouvait nuire et déstabiliser l'économie en l'exposant à de gros risques. Malgré cela, le nationalisme s'est constamment renouvelé au cours des cinquante dernières années, les dépenses ont été justifiées et considérées "nécessaires" au processus de développement.

Comment l'État est-il devenu capable de définir une politique cohérente pour la branche énergétique ? Pour tenter de répondre à cette question, nous analyserons l'évolution du processus d'interventionnisme économique en étudiant les différents programmes économiques et la conceptualisation du nationalisme qui a favorisé l'économie et définit la politique de création de pétrole. Ainsi, cette étude se focalise sur la planification du nationalisme économique qui justifie l'interventionnisme de l'État pour satisfaire les besoins du pays. Il est intéressant de comparer les données macroéconomiques pour étudier ces décisions, qui sont l'objet d'une analyse chronologique dès 1953, date de la création de Petrobras, et plus particulièrement les motivations politiques qui ont conduit à la création de pétrole au Brésil. Il est important de souligner que la production de pétrole était fondamentale en raison de la valeur croissante qu'a le pétrole dans les économies contemporaines. Le pétrole est un produit cher qui rime avec richesse pour les pays détenteurs d'hydrocarbures. Posséder du pétrole revient à contrôler les cycles de production dans le pays, et à réduire les coûts d'importations nécessaires pour stimuler le développement industriel.

En réalité, les projets politiques brésiliens concentraient leurs efforts sur la "protection" des valeurs nationales. Le lien ici établi entre le nationalisme et Petrobras se base sur la doctrine développementaliste ou sur le *developmental state* pour dissocier et analyser les différents programmes économiques qui visaient la fin du sous-développement du pays.

Cette recherche se décline en quatre chapitres, et couvre une période de cinquante ans allant de 1950 à 2010. Le premier chapitre s'intéresse à la relation entre la classe politique nationaliste brésilienne et Petrobras, dès sa fondation en 1953, jusqu'aux premières découvertes et aux dernières mesures adoptées en 2010. Puis, le deuxième chapitre aborde les deux principales lois, la première (loi 2.004/53) énonce la main mise de l'État sur le marché énergétique. La deuxième (loi 9.478/97) abroge le monopole de l'État et dispose la recapitalisation de la compagnie pétrolière. Ces amendements législatifs ont eu des retombées positives pour l'économie brésilienne, ils ont en outre posé le cadre juridique indispensable à l'interventionnisme de marché. À cet égard, il est bon de signaler la controverse suscitée par la signature des contrats à risque, autorisant l'activité de nouvelles firmes sur le territoire brésilien, à l'époque de la loi du monopole. Le troisième chapitre traite les propositions des programmes économiques brésiliens et leur champ d'application lors des deux chocs pétroliers et des crises économiques intérieures. Dans cette partie, il sera également question de la nouvelle législation adoptée par le nouveau gouvernement démocratique. Enfin, le quatrième chapitre se penche sur le parcours de l'industrialisation brésilienne basée sur des projets de recherche majeurs qui ont déterminé l'identité industrielle brésilienne et la capacité de gestion de la politique économique en faveur d'un secteur prioritaire : l'énergie.

Chapitre 1: Le nationalisme et le développement intérieur du Brésil

> *"Sont nationalistes, au Brésil, les courants d'extrême*
> *droite, liés aux mouvements de propension fasciste du*
> *passé et les courants d'extrême gauche comme le Parti*
> *Communiste. Sont nationalistes les défenseurs de la*
> *socialisation des moyens de production et les partisans de*
> *l'initiative privée."* [1]

Au Brésil, le passage de l'économie agricole à l'économie industrielle fut

la solution trouvée pour contourner les problèmes économiques issus de la Crise

de 1929 et de la Révolution de 1930, car l'expérience brésilienne dans le secteur

caféier n'avait pas d'avenir. Le type d'industrialisation souhaitée était favorable

aux intérêts agro-exportateurs. Il s'agissait d'une industrialisation comportant un

degré de protectionnisme d'État pour contrôler et favoriser la croissance

économique du pays, avant qu'elle ne fût contrôlée par l'arrivée de capitaux

étrangers.

Le développementalisme est une politique économique où l'État assume

les risques d'interventionnisme et soutient des mesures destinées à la croissance

de l'économie en échange d'une perspective de croissance. L'État brésilien s'est

chargé de contrôler le marché et les éléments économiques - comme le change

et les importations – pour satisfaire la demande intérieure qui faisait face à une

pénurie permanente de biens importés depuis la crise de 1929. Cette nouvelle

politique économique est présentée comme un mouvement pro-nationaliste[2],

favorable au développement intérieur (national).

---

[1] Jaguaribe, Hélio. 1958. *O Nacionalismo Na Atualidade Brasileira*. Rio de Janeiro: ISEB.
[2] Dans cette étude le terme "nationaliste" est fidèle à la définition d'Hélio Jaguaribe, qui affirme avoir des origines paradoxales, n'étant pas caractérisé par un unique courant politique. Parallèlement, Hobsbawm, Eric. *Nações e nacionalismo desde 1780*. 3° ed. Rio de Janeiro: Paz e Terra, 2002, décrit le terme "*nation*" comme il l'est utilisé aujourd'hui au sens large et imprécis et le terme "*nationalisme*" perd son sens original, se basant uniquement sur la relation avec l'État.

Dans ce chapitre, le profil de la politique économique brésilienne sera traité par la question suivante: quelles sont les caractéristiques du développementalisme au Brésil depuis la transition au modèle économique industriel dans les années 1930 et jusqu'aux années 2010 ? Pour y,nous analyserons chronologiquement les principaux évènements des gouvernements au pouvoir lors de cette période.

Le principal argument utilisé est que le développementalisme est volontariste et « *ufanista* »[3], comportant des caractéristiques interventionnistes et de protectionnisme d'État. Au cours du XXème siècle, l'État brésilien a pris en charge la croissance et le développement économique considérant que le Brésil avait le potentiel pour devenir une puissance économique industrielle.

L'État brésilien a commencé à soutenir son propre développement par le biais d'un discours nationaliste et volontariste. Outre le contrôle des activités économiques, les mécanismes reposaient sur la création d'entreprise d'État. Meredith Woo-Cumings décrit ces entreprises d'État comme des «*agents du développement*», car les entreprises publiques reflètent le caractère de l'État, et intègrent à cette période l'économie en tant que membres actifs[4]. C'est dans ce cadre que le développementalisme brésilien a créé plusieurs entreprises d'État. NéanmoinsPetrobras, est devenue l'une des principales entreprises actives en termes d'économies publiques et par la suite dans son secteur.

La transition en faveur d'une économie industrielle a eu lieu grâce à l'activité du secteur énergétique qui, outre les bénéfices, cherchait à produire des

[3] L' "*Ufanismo*" fait référence à un patriotisme excessif. Le terme se réfère au livre d'Afonso Celso dans lequel il fait l'éloge du Brésil. Celso, Afonso. 1901. *Porque Ufano Do Meu País*. Rio de Janeiro: Laemert & C. Livreiros.
[4] Woo-Cumings, Meredith (dir). 1999. *The Developemental State*. Ithaca, NY: Cornell University Press.

biens de productions (intrants) pour les autres entreprises nationales, favorisant ainsi le développement de l'économie intérieure. Pour que cela se réalise, le développementalisme a franchi trois étapes : l'émergence de l'idée, la mise en œuvre, et la contemporanéité que nous aborderons plus tard.

1.1 Le Populisme et la transition économique (1930 à 1955)

La transition du modèle économique au Brésil a débuté en 1930, pendant la dictature de Getúlio Vargas (1930 à 1945). Jusqu'à 1930, le Brésil basait son économie sur la production agricole, principalement celle du café et importait l'essentiel des produits transformés. L'influence que la bourgeoisie agraire exerçait sur le gouvernement fut baptisée la politique « *Café au Lait* » – caractérisée par la force économique de la bourgeoisie agraire productrice de café à São Paulo, et par la bourgeoisie de Minas Gerais productrice de lait, qui constituait en outre le plus grand pôle électoral du pays. La classe dirigeante du pays alternait entre les politiques dictées par l'élite caféière *paulista* et l'élite laitière *mineira*. Ainsi, le Brésil était gouverné selon les besoins de ces deux états.

Les oligarchies rurales *paulista* et *mineira* ont connu des désaccords liés aux dissidences politiques et aux mobilisations de travailleurs provoquant la Révolution de 1930[5], et un coup d'État armé par l'état de Minas Gerais et ses alliés. Le coup d'État soutenait à la fois le départ du président *paulista* Washington Luís (1926 à 1930) et la mise en accusation du président élu, un

---

[5] Révolution de 1930: mouvement armé dirigé par les états de Minas Gerais, Paraíba et Rio Grande do Sul pour mettre fin à la *"politique de café au lait"*.

autre *paulista*, Júlio Prestes. Minas Gerais soutenait pour sa part le candidat *gaúcho* Getúlio Vargas, afin de défendre ses intérêts commerciaux. Avec la chute du gouvernement *paulista*, Vargas assume la présidence de manière *provisoire*[6] et lance un programme économique pour favoriser le développement. Le capitalisme d'État est né.

Pour la première fois au Brésil, le président Getúlio Vargas met en œuvre une série d'actions prévoyant la croissance interne de l'économie et la fin d'un système de dépendance des importations. L'interventionnisme apparaît clairement comme un moyen de «protéger» l'État, pas seulement des crises, mais contre des nouveaux coups (comme celui orchestré par Vargas). Pour cela, Getúlio Vargas a abrogé la Constitution quelques jours après avoir pris ses fonctions de Président. Il a nommé des intervenants dans chaque État favorables à ses propositions de création d'un « *État fort, paternaliste, centralisateur*[7]». En matière d'économie, ses premières mesures portaient sur le contrôle de l'État, sur les syndicats, et sur les relations avec les travailleurs[8]. Ces mesures pro-travailleurs confèrent à Vargas plus de popularité. Il s'est servi de sa popularité pour mettre en place d'autres réformes, comme le blocage des flux de capitaux étrangers, le renchérissement des importations, et le contrôle du change tout en justifiant la possibilité de substituer la demande par la production nationale, et ainsi de promouvoir la croissance intérieure brésilienne.

---

[6] Vargas est resté 15 ans au pouvoir, même s'il devait assumer un mandat provisoire. Il a fait "un coup dans le Coup d' État" puis il s'est réélu indirectement en 1934. En 1937 il a instauré l'État Nouveau.

[7] Bueno, Eduardo. 2003. *Brasil: Uma História, a Incrível Saga De Um País*. São Paulo: Ática.

[8] La popularité de Vargas s'est accru avec le soutien des travailleurs et les réglementations des conditions de travail, il a ainsi été baptisé le "père des pauvres". Ses actes ont été perçus par certains spécialistes politiques comme des gestes stratégiques en faveur de la bourgeoisie, malgré contestation "Vargas est le père des pauvres et la mère des riches". Levine, Robert M. 2001. *Pai Dos Pobres?: O Brasil Na Era Vargas*. São Paulo: Companhia das Letras.

Après avoir pris le pouvoir grâce à l'élite du Minas-Gerais, Vargas recherchait dans tous ses projets un soutien populaire. Son objectif était de susciter l'adhésion nationale – plus précisément celui des *paulistas* – pour se maintenir au pouvoir. Il participait à chaque manifestation populaire dont la campagne « *Le Pétrole est à nous* »[9], qui a eu lieu en 1930. Vargas a lancé un débat politique mais n'a cependant pas autorisé l'exploitation des zones pétrolifères[10]. Pour la classe politique, le pétrole était,et continue d'être, perçu comme un produit de luxe, synonyme de richesse. Il génère des impôts et des recettes, conférant en outre des privilèges énergétiques liés à son utilisation. L'existence du pétrole au Brésil était synonyme de richesse économique et progrès. Il constituait le socle nécessaire au développement industriel via la production d'énergie. L'interdiction de l'exploitation des puits de Bahia furent stratégiques. Vargas avait élaboré un plan. Il avait besoin d'un soutien populaire pour que sa proposition fût acceptée par le pouvoir législatif.

À ce moment, le mouvement développementaliste était divisé en deux groupes présents dans la société civile et politique : les nationalistes et les «*entreguistas*»[11]. Alors que les nationalistes soutenaient un développement économique indépendant et autosuffisant, les *entreguistas* croyaient à un développement par la privatisation de la propriété et l'utilisation de capitaux

---

[9] Cette campagne s'opposait à l'exploitation du sous-sol brésilien par des étrangers à l'occasion de la découverte d'un puits de pétrole à Bahia. Vargas a autorisé l'exploitation de ce puits, pour confirmer la présence de pétrole. Il l'a déclaré propriété nationale.

[10] Vargas a créé des obstacles en interdisant l'exploitation du pétrole brésilien. En signe de protestation Monteiro Lobato a écrit, en 1936, le livre "O Escândalo do Petróleo", qui a été censuré. Dans cette œuvre, il accuse le gouvernement de Vargas de "ne pas perforer et d'interdire de perforer".

[11] "*Entreguismo*" terme péjoratif désignant les opposants à l'idéologie nationaliste autosuffisante. La terminologie renvoie à la proposition économique du groupe qui défend le recours aux ressources étrangères pour développer l'économie brésilienne. Les nationalistes voyaient en cette position une « soumission » de l'économie nationale en faveur des étrangers.

étrangers. La présence de deux pôles développementalistes, différenciés par les origines de l'investissement sur les questions énergétiques brésiliennes, serait constante à partir de ce moment. La polarisation idéologique sur la question de l'autonomie économique est devenue une caractéristique économique industrielle. Alors que les nationalistes recherchaient l'autonomie, les «*entreguistas*» pensaient que le capital étranger pouvait contribuer au développement accéléré et à l'apprentissage du *savoir-faire* technologique.

Conscient du soutien populaire lors de la campagne «*Le pétrole est à nous*», Vargas adhéra au discours nationaliste en échange d'une popularité accrue, ce qui occasionna la réunification de la société qui était partagée entre les intérêts *mineiros* et *paulistas*. Il a défendu l'institution du monopole étatique[12] des puits de pétrole ayant uniquement recours aux capitaux financiers, à la force, et à la main d'œuvre nationales. L'absence de connaissances technologiques pointées du doigt par les *entreguistas* a été comblée par le développement technologique de la recherche dans les universités fédérales, et dans les centres de recherches[13]. Les ressources pétrolières ont pavé la voie à une stratégie industrielle, à laquelle Vargas réfléchissait, posant la question *ufanista* de la politique brésilienne progressiste.

La Seconde Guerre Mondiale a changé le système économique mondial légitimant la position de l'État comme un acteur majeur des relations économiques. Cette situation a renforcé la position de l'État comme un investisseur assumant les responsabilités de production de biens de base. À ce moment précis, les stratégies intègrent la thématique de sécurité nationale,

---

[12] Sur le monopole national cf chapitre 2 de cette étude
[13] Sur la recherche et le développement voir chapitre 4 de cette étude.

puisque cette dernière comprenait l'économie dans la thématique nationale[14].

L'ère Vargas prend fin en 1945, en même temps que le soutien populaire pour la

«*défense*» et l'observation de ressources nationales pour le développement.

L'étatisation du secteur énergétique a été débattue sans toutefois être mise en

œuvre. La fin du mandat de Vargas n'a pas permis à ce projet de voir le jour. Elle

a finalement eu lieu quelques années plus tard.

Le Général Eurico Gaspar Dutra assume la présidence (1946 à 1951).

C'est un militaire élu, qui décide de mettre fin au débat du pétrole récurrent sous

l'ère Vargas. Il propose un nouveau programme de développement économique,

le Plan Salte[15]. Ce programme était en phase avec l'actualité puisqu'il portait

directement sur les besoins de secteurs spécifiques qui nécessitaient un

investissement immédiat. Cela le différenciait du large programme de croissance

établi par Vargas, mais qui continuait de proposer des projets volontaristes de

développement focalisé sur l'infrastructure de l'État, phénomène caractéristique

de ce gouvernement.

Vargas revient au pouvoir en 1951 (jusqu'à 1954), avec le soutien de

l'électorat populaire cette fois-ci. Il s'appuie de nouveau sur une politique

populiste comme ce fut le cas lors de son mandat précédent[16]. Dès son retour,

Vargas reprend le débat sur le pétrole, il fonde Petrobras et l'estampille entreprise

d'État en 1953. Petrobras devient un symbole d'entreprise développementaliste

caractérisée par l'interventionnisme et le protectionnisme. La décision de créer

une entreprise d'État pétrolière se basait sur le contexte économico-industriel,

---

[14] Saraiva, Enrique. 2004. «Estado E Empresas Estatais. Criação E Crescimento. O Papel Das Empresas Estatais Como Instrumento De Política Pública.». Brasília: Ministério do Planejamento, Orçamento e Gestão.
[15] Plan Salte: Santé, Alimentation, Transports et Energie.
[16] Ianni, Octavio. 1971. *O Colapso Do Populismo No Brasil*. Rio de Janeiro: Civilização Brasileira.

mais à ce moment là, l'existence d'un unique puit de pétrole à Bahia ne garantissait pas des quantités suffisantes pour une exploitation rentable. Le volontarisme national brésilien, datant de la création de l'entreprise énergétique, nie que l' « *absence* » du pétrole soit une impasse pour la viabilité de Petrobras. Cette déclaration renforce l'*ufanismo* du gouvernement qui pense que sur le plan économique et financier, outre ce « *détail* » technique, la découverte de nouveaux puits pétrole n'est qu'une question de temps. Le Brésil cherche alors du pétrole dans ses « *sous-sols* », souhaitant ainsi avoir le même succès (quantitatif) que le Mexique dans ses recherches– ce dernier a découvert d'importantes sources de pétrole[17]. L'espoir de trouver du pétrole dans un futur proche expliquerait la création d'une entreprise publique dans ce secteur. L'incertitude planant sur la production et les quantités de puits de pétrole n'empêche pas le projet développementaliste de voir le jour même s'il est nécessaire de trouver du pétrole à tout prix – c'est ce que nous appellerons ici la «*création du pétrole*».

L'institution politique de Petrobras détermina que les raffineries du secteur pétrochimique soient englobées dans cette nationalisation. En clair, Petrobras est devenu responsable du contrôle de tous les canaux de distribution et transport, outre le contrôle de l'exploitation du sous-sol brésilien. Petrobras a été désigné comme l'unique fournisseur de produits dérivés du pétrole. Le secteur privé, national et étranger, pouvant intervenir au Brésil, est soumis à ces règles d'approvisionnement.

---

[17] Pour information, le Mexique a également fondé une entreprise nationale pétrolière, la PEMEX en 1938.

Le premier logo de la marque Petrobras (figure 1), où figure le drapeau du Brésil (figure 2), fait clairement référence au nationalisme. On observe que la représentation de l'État brésilien, et le symbole l'entreprise publique possèdent une intime corrélation, dans laquelle le Brésil et Petrobras se représentent réciproquement.

Figure 1: Premier logo Petrobras (1958)

Source:
http://www.petrobras.com.br/pt/quem-somos/perfil/a-marca-petrobras/historia-da-marca/

Figure 2: Drapeau du Brésil

Source:
http://www.presidencia.gov.br/presidenta/simbolos-nacionais/

Un an après la fondation de Petrobras (1954), Vargas se suicide provoquant ainsi une instabilité sur les orientations développementalistes au Brésil; le vice-président, Café Filho (1954 à 1955) assura l'intérim jusqu'à l'élection et la prise de fonction de Juscelino Kubistchek de Oliveira , en 1956.

1.2 Petrobras et le développementalisme (1956 à 1980)

Le développementalisme brésilien s'est caractérisé par la création d'entreprises publiques outre Petrobras (Compagnie Siderúrgica Nacional, en 1941; Compagnie Vale do Rio Doce, en 1943; Eletrobras, en 1962; Embratel, en 1965; Telebras, en 1972; Siderbras, en 1973, entre autres) et des institutions comme la BNDE[18] qui sont nées à la fin de l'après-guerre conformément au projet de stratégie de sécurité nationale. La BNDE(S) a joué un rôle déterminant dans l'impulsion des entreprises nationales. Elle fut la grande intermédiaire des financements et des investissements publics du projet développementaliste. La création de ces entreprises d'État était justifiée comme des mesures nécessaires car les services réalisés par les entreprises ont été rejeté par l'initiative privée[19]. Néanmoins, cet argument renforce la nature du propre interventionnisme. L'État justifie la création d'entreprises publiques pour satisfaire les besoins de la société.

Petrobras a été fondée en 1953. Sa première raffinerie a été inaugurée en 1954, époque à laquelle le caractère développementaliste initié par Getúlio Vargas s'est poursuivi par le gouvernement de Juscelino Kubistchek de Oliveira, JK, (1956 à 1961). Plus tard il sera entendu que les raffineries construites, à l'époque, ne sont pas celles dont le pays aura besoin pour transformer la ressource qui sera découverte en territoire brésilien. JK a promu le nationalisme avec le soutien d'intellectuels. Il a en outre bâti un programme de développement économique basé sur la création d'entreprises publiques et la construction de Brasília, modifiant profondément la relation de la société brésilienne à l'économie et la politique de l'État. JK fut un président stratège, différent de Getúlio Vargas et de ses mesures populistes. Il n'a toutefois pas écarté le nationalisme de sa politique.

---

[18] BNDE: Banque Nationale de Développement Economique, plus tard BNDES: Banque Nationale de Développement Economique et Social créée en 1952. Elle est liée au Ministère du Développement, de l'Industrie et du Commerce Extérieur.
[19] Saraiva 2004:8

L'organisation interne de Petrobras est passée sous le contrôle de l'État et pour des raisons de stratégie, sous le contrôle des militaires depuis sa fondation. On comprend donc toute l'importance de la sécurité nationale du secteur énergétique qui a pour stratégie la participation des militaires à la présidence et aux décisions politiques. Ainsi, le monopole national a été inclus dans les opérations d'activités pétrolières – de la vente du carburant, en passant par le transport, jusqu'à la distribution – mais aussi dans la stratégie de gestion, interdisant à de multiples reprises, l'entrée du capital étranger dans la capitalisation de l'entreprise.

Des groupes d'intellectuels ont participé à la promotion du nationalisme pendant le mandat de JK. L' « *idéologie du développement* » qui figurait dans le cadre politique émanait du volontarisme d'État et d'intentions délibérées, mais elle avait besoin d'être approfondie[20]. Des groupes intellectuels ont été formés pour débattre et étudier le développementalisme comme thématique de sécurité nationale. On retrouve, parmi eux, l'ISEB[21]. Les intellectuels présenteraient à l'État comment être nationaliste tout en étant favorable à l'industrialisation autosuffisante, s'opposant à la fois à l'oligarchie rurale sur les sujets de politique intérieure et à l'impérialisme sur les sujets de politique extérieure. En d'autres termes, ils montreraient la voie à suivre et définirait le profil du développementalisme brésilien.

---

[20] Lovatto, Angélica. 1996. «A Utopia Nacionalista De Hélio Jaguaribe - Os Temos Do Iseb.» *Revista Lutas Sociais*, 59-88.
[21] ISEB créé par le décret n° 57.608 de 1955 et abrogé en1964 par la dictature militaire. Organe lié au Ministère de l'Education et de la Culture destiné à l'étude des sciences sociales. Il a eu pour principal thème de débat le développementalisme.

Dans son programme économique JK a promis «*cinquante ans de progrès en cinq ans*» grâce à son Plan d'Objectifs[22]. Son programme industriel a permis de soutenir un important marché interne par la viabilité de la production de fer, d'acier, et par l'arrivée d'investissements étrangers. Il a ainsi permis de développer les infrastructures nationales. Avec ce programme, le gouvernement a consenti à un réel effort pour promouvoir une profonde réforme de la structure économique nationale. La mise en œuvre du Plan d'Objectifs est attribuée à des entités publiques comme la BNDE, la CACEX[23] et la SUMOC[24], transférant la responsabilité de financement des projets à l'État puisque que JK a rompu toute relation avec le FMI. La BNDE(S) fut responsable de l'intermédiation des investissements publics destinés aux projets du gouvernement. C'est elle qui mettait à disposition les ressources nécessaires pour chaque élément du Plan d'Objectifs. La CACEX était responsable des licences – autorisations – des exportations et importations. Elle fiscalisait et finançait le commerce extérieur du Brésil.

Outre l'arrivée de capitaux étrangers privés dans les domaines du transport et de l'énergie qui a favorisé la croissance du parc industriel brésilien, la politique d'ouverture du capital a permis d'importantes avancées en matière de recherche et développement pour le Brésil et Petrobras. Dès lors, JK signe la Loi du Similaire National[25] qui protège les produits nationaux enregistrés au Conseil de la Politique Douanière, contre l'importation de produits étrangers, par

---

[22] Le Plan des Objectifs a favorisé le développement des secteurs énergétiques, sidérurgiques et logistiques. Il se base sur la planification de trente et un objectifs prioritaires, déclines en 5 activités: l'énergie, le transport, l'alimentation, l'industrie de base et l'éducation.
[23] CACEX: Portefeuille du Commerce Extérieur de la Banque du Brésil, crée en 1953
[24] SUMOC: Superintendance de la Monnaie et du Crédit, créée en 1964, prédécesseur de la Banque Centrale.
[25] Loi 3.244/57

une politique de tarifs prohibitifs visant à favoriser la consommation de produits nationaux. JK a ainsi posé les bases d'une économie développementaliste subvenant aux besoins nationaux par l'interventionnisme de l'État.

Le nouveau visage politique brésilien a été complété par la planification et la construction d'une nouvelle capitale, Brasilia. Le transfert de la capitale à l'intérieur du pays allait permettre le développement de la région, ainsi marquant une rupture avec les gouvernements de dépendance précédents. Ce transfert apporterait de nouvelles infrastructures grâce à la construction d'un réseau routier, industriel et un « *destin* » à l'identité développementaliste brésilienne. En dépit de la légitimation des projets de développement, la rupture des relations entre l'État et les institutions financières, comme le FMI, le soutènement du prix du café[26] par l'État et les coûts de la construction de Brasilia, ont provoqué des déséquilibres budgétaires et économiques qui ont généré un phénomène d'inflation. Face aux problèmes économiques de son gouvernement, JK s'est opposé aux prémices du protectionnisme économique du développementalisme qu'il avait défendu très fortement. Ce changement d'idée était plutôt rhétorique que pratique – proche du populisme –, pour convaincre leur électorat que c'était correct. Il influença le programme économique des gouvernements suivants.

Lors des deux gouvernements qui succédèrent à JK, Jânio Quadros (Janvier 1961, à Août 1961) et João Goulart, dit « *Jango* » (1961 à 1964), la notion de développementalisme fut écartée à cause de la stagnation de la croissance économique. Une rupture du développement industriel s'est produite au profit d'un concept lié au réformisme et au syndicalisme. Jusqu'à présent,

---

[26] Malgré la marche vers l'industrialisation, le café resta un acteur économique de poids jusqu'à la fin du processus transition.

Getúlio Vargas et Juscelino Kubitschek ont pris des dispositions populistes, favorisant le développement de l'économie interieur, alors que Jânio et Jango ont adopté des mesures sociales et de politique extérieure. L'industrialisation et le programme économique ont été relégués au rang de projets secondaires. Le développementalisme est devenu une question touchant au bien-être social. Les réformes entamées par le gouvernement, passant du cadre économique à un cadre social, ont causé une grande divergence avec le pouvoir de la bourgeoisie nationale qui soutenait la politique d'industrialisation.

Le passage d'un programme de politique intérieure à un programme de politique extérieure a coïncidé avec la Guerre Froide. Pour Jânio, les relations internationales brésiliennes, qui se limitaient à un seul et unique partenaire commercial, les États-Unis, expliquaient la stagnation économique du pays. Il comprend que la solution envisagée par son gouvernement pour relancer la croissance brésilienne est de former de nouveaux partenariats commerciaux avec des pays du bloc soviétique et du Tiers-Monde[27]. Alors que Vargas et JK se servaient du «*marchandage nationaliste*»[28] pour justifier leurs stratégies, Jânio et Jango ont placé la Politique Extérieure Indépendante (PEI)[29] au cœur de leurs orientations économiques. La PEI était traitée comme une nécessité tactique indispensable au développement industriel de substituions aux importations. Cependant le gouvernement a fait face à des problèmes de relations diplomatiques et commerciales avec des puissances capitalistes

---

[27] Vizentini, Paulo Fagundes. 2003. *Relações Internacionais Do Brasil: De Vargas a Lula*. São Paulo: Fundação Perseu Abramo.
[28] *Ibid.* p. 31
[29] PEI: Il s'agit d'un projet systématique qui vise à transformer le rôle du Brésil sur la scène internationale. Changement progressif des partenariats diplomatiques et commerciales. Jânio voyait la PEI comme un outil diplomatique alors que Jango la considérait comme un outil pratique

comme les États-Unis. La solution du jeu diplomatique passa à la rhétorique nationaliste d'autonomie des entreprises d'État, soutenant l'idée selon laquelle le développementalisme pourrait contourner les problèmes politiques.

Les deux gouvernements de Jânio et Jango se sont rapprochés des pays socialistes. Ce rapprochement était problématique, puisqu'il était synonyme de «*concordance*» ou de «*soutien*» à cette philosophie politique. La bourgeoisie, qui contrôlait encore une grande partie de l'économie, voyait dans ce rapprochement avec le socialisme des préceptes contraires aux principes du capitalisme. Dès lors, elle a tout d'abord exercé une pression sur Jânio, qui abandonna ses fonctions lors de la première année de son mandat. Le gouvernement suivant, dirigé par Jango, s'est également rapproché des pays du bloc soviétiques via des accords diplomatiques. Contrairement à Jânio il s'est montré plus discret. Cette stratégie ne l'a pas exempté de pressions exercées par la bourgeoisie. La résistance de Jango, son désir de poursuivre sa politique malgré les réticences de la bourgeoisie a donné lieu au coup d'État militaire de 1964.

Les militaires sont restés au pouvoir de 1964 à 1985. Ils ont proposé de « *corriger* » les positions politiques de l'État concernant le projet national de développement. Ils récupèrent l'instrument des gouvernements précédents : le nationalisme économique développementaliste. Une des premières mesures du gouvernement militaire fut d'abroger la Loi de Contrôle de Redistribution des Bénéfices[30]. Il prit également des mesures économiques pour contrôler le déficit public et budgétaire. La reprise de l'économie était une préoccupation urgente

---

[30] Loi n° 4131, de 1962, contrôlait directement les investissements étrangers

pour le gouvernement militaire, qui après avoir éloigné la menace communiste, et stimulée la croissance par des emprunts – renouait avec le FMI, et sollicitait la Banque Interaméricaine de Développement (BID), la Banque Mondiale et le gouvernement des États Unis[31]. Outre les entreprises nationales comme Petrobras, le gouvernement brésilien a créé des agences publiques comme la Banque Nationale d'Habitation (BNH) en 1965 – comme Embratel, Embratur, Embraer et Embrafilme – qui avaient pour objectif de perfectionner, financer, construire et promouvoir le Brésil en faveur de la sécurité nationale conformément au développementalisme d'autrefois. A l'instar du gouvernement de Vargas, les militaires associaient le développement économique à la croissance économique intérieure.

Les années 1970 sont marquées par la croissance des entreprises publiques. Cette situation est favorable à l'économie nationale car comme l'interventionnisme le prévoit, le contrôle du marché est dans les mains de l'État. L'élimination d'intermédiaires et l'approvisionnement de biens moins onéreux ne permettent pas un rendement financier pour l'État. Les entreprises nationales deviennent des agences d'État[32]. Un nouveau logo de la Petrobras apparaît au cours de cette période, figure 3. L'objectif est de véhiculer une image moderne de l'entreprise, dirigée par les militaires. Le nouveau logo écarte le symbole de «*brésilianité*», les couleurs et les références au drapeau national. Les militaires voulaient incarner la modernisation de l'image de l'entreprise, sa croissance.

---

[31] Au moyen d' *Alliance for Progress* (ALPRO); *United States Agency for International Development* (USAID)
[32] Schneider, Ben Ross. 199. «The Desarollista State in Brazil et Mexico.» Dans dir. *The Developmental State*. Ithaca, NY: Cornell University Press. pp. 276-305

L'ancien logo ne symbolisait pas cette image. Il était «*pieds et poings liés*» à l'image brésilienne.

Figure 3: Deuxième logo de Petrobras (1972)

Source: http://www.petrobras.com.br/pt/quem-somos/perfil/a-marca-petrobras/historia-da-marca/

La politique économique militaire est à l'origine de la croissance de l'économie du moment connue sous le nom de «*miracle économique*» (1968 à 1973) – caractérisée par l'augmentation du produit intérieur brut (PIB), qui augmente de 9,8% en 1968 atteignant 14% en 1973[33], et par l'émergence de la classe moyenne. Ces résultats résultent du projet «*Brésil puissance*» dans l'économie mondiale. Ce développementalisme n'est pas synonyme de victoire pour l'autonomie industrielle ni de renforcement de l'autofinancement du développement[34]. Les militaires ont suivi cette logique, ils ont fermé les portes du pays, se concentrant exclusivement sur le développement intérieur des entreprises publiques et sur la recherche d'une autonomie interne caractéristique du protectionnisme d'État. Les entreprises d'État alliées à l'économie nationale – et l'application de la loi du similaire national – ont permis à l'économie intérieure de se relancer. Il existe à cet égard une similarité entre la dictature de Vargas et

---

[33] Veloso, Fernando A., et Fabio Giambiagi. 2008. «Determinantes Do "Milagre" Econômico Brasileiro (1968-1973): Uma Análise Empírica.» *Revista Brasileira de Economia*, abr-jun, 221-46.
[34] Furtado, Celso. 1981. *O Brasil Pós-Milagre*. Rio de Janeiro: Paz e Terra.

celle du gouvernement militaire : la protection de l'économie par le contrôle du taux de change et des importations.

L'étatisation a largement été utilisée lors de la dictature militaire. Elle constitue un plan de relance développementaliste. Cela prouve qu'elle serait un moyen d'atteindre la croissance économique. A cette période, les entreprises publiques ont reçu d'importants investissements de l'État et de faibles investissements étrangers. Deux crises pétrolières (en 1973 et 1979) secouent l'économie mondiale et l'approvisionnement de biens de consommation. L'État brésilien a adopté une stratégie qui repose sur l'échange d'équipements militaires contre du pétrole, et l'installation de filiales Petrobras, avec des pays producteurs du Moyen Orient, transgressant l'embargo international contre l'Iraq[35]. Les militaires ont été judicieux, puisque la IMBEL[36] se charge de la production d'équipements militaires au Brésil. Elle est contrôlée par le Ministère de la Défense, par l'intermédiaire de l'armée brésilienne. De ce fait, les coûts de cette opération furent minimes contre l'échange substantiel de pétrole en temps de crise.

De toute évidence, le gouvernement militaire a compris l'intérêt d'un rapprochement avec le capital étranger pour développer son secteur énergétique. La méthode utilisée consista à établir des contrats à risque[37] qui prévoyaient l'accès à l'exploitation en territoire brésilien aux entreprises étrangères, via un contournement des normes portant sur le monopole énergétique. Ces positions ont valu aux militaires d'être désignés, par certains

---

[35] L'Iraq, l'Iran et la Libye figurent dans la liste des pays avec qui le Brésil a conclu un accord en échange de pétrole. Le brésil a exporté du matériel de guerre (armes de feu, tanks, chars de combats, missiles aériens, avions de contre-insurrection, jets, entre autres.
[36] IMBEL: Industriel de Matériel Belliqueux du Brésil, fondé en 1975
[37] Pour les contrats à risque cf chapitre 2.

académiciens développementalistes brésiliens[38], comme des défenseurs du capitalisme au détriment des entreprises publiques. Néanmoins, les politiques du gouvernement militaires ont réinjecté le capital national dans le programme de développement national. Ce dernier fut protégé et favorable au projet nationaliste. Par conséquent, le premier puit de pétrole maritime a été découvert dans le Bassin de Campos (Bacia de Campos)[39]. Cette découverte intervient alors que Petrobras recherchait en priorité du pétrole sur terre, ce qui avait donné jusque là peu de résultats. La découverte du Bassin de Campos fut un tournant historique pour le secteur, puisqu'il a révélé la présence de pétrole dans la plate-forme maritime brésilienne. Dès lors, la croissance de la recherche et du développement, le développement des technologies de prospection maritime menées par les centres de recherches de Petrobras prennent une nouvelle dimension. Petrobras devient un spécialiste dans ce type de prospection. Il détermine de nouveaux objectifs de production de pétrole et d'énergie au plan national.

1.3 Réforme politique et évolution du protectionnisme énergétique (de 1980 à nos jours)

La «*décennie perdue*», appelée communément la décennie 1980 au Brésil et en Amérique latine, fut une période de stagnation économique marquée par la réduction de production industrielle et par une faible croissance

---

[38] Miranda, Maria Augusta Tibiriçá. 2004. *O Petróleo É Nosso: A Luta Contra O "Entreguismo", Pelo Monopólio Estatal*. São Paulo: Ipsis.
[39] Bassin de Campos: découvert en 1974, c'est la plus grande région productive de pétrole au Brésil. Elle est actuellement responsable de 80% de l'exploitation du pétrole national.

économique. Elle s'explique par la réorganisation de l'économie mondiale, qui a restreint le développementalisme et les projets d'intégration internationale de pays comme le Brésil[40]. Malgré la découverte de pétrole dans le Bassin de Campos, les résultats ont tardé à fournir des bénéfices à l'économie brésilienne. Après 21 ans de tyrannie, le Brésil traverse une transition politique passant du dernier gouvernement militaire du général João Baptista Figueiredo (1979 à 1985) au premier gouvernement civil, de José Sarney (1985 à 1989) [41].

Le protectionnisme nationaliste perdura pendant le processus de restitution démocratique au Brésil. Lors du premier gouvernement civil de la *Nova República* (Nouvelle République), le gouvernement de José Sarney poursuivit la politique de protection de la production nationale, sans des résultats probants. L'économie nationale sortait affaiblie de la « *décennie perdue* ». José Sarney maintenu également son projet de défense et de protection du secteur énergétique. Mais il a procédé à des réformes indispensables, comme le vote au suffrage universel direct en 1989.

Pourtant, le retour à la démocratie de l'État brésilien coïncide avec la transition à la présidence de Petrobras. Cette dernière a toujours été dirigée par des militaires depuis sa création, dont l'objectif principal était la stratégie sécuritaire. Curieusement, Petrobras a connu un processus de transition similaire à celui de la présidence civile lors du retour de la démocratie au Brésil. Toutefois, la transition intervint lors du dernier gouvernement militaire brésilien, sous la présidence de Shigeaki Ueki (1979 à 1984) et de Thelmo Dutra de

---

[40] Vizentini 2003:61.
[41] Tancredo Neves fut le candidat élu en 1985, mais il décéda avant d'assumer ses fonctions . Son vice président, José Sarney , assuma les fonctions présidentielles jusqu'à la fin du mandat en 1989. Election au suffrage universel indirect comme l'ont prévu les militaires.

Rezende (1984 à 1985)[42]. Même si les deux ne faisaient pas partie de la corporation militaire[43], leurs décisions étaient fortement influencées par le régime militaire. Ils ont été responsables de la transition de la direction militaire de l'entreprise publique jusqu'à ce qu'Hélio Marcos Penna Brandão, avocat et économiste, assume la présidence en 1985[44]. On peut conclure que le désengagement militaire de Petrobras ouvre l'investissement à de nouveaux partenaires commerciaux outre l'État. Cette disposition conduit à des réformes structurelles de l'entreprise que nous aborderons lors les gouvernements suivants.

Le premier président élu au suffrage universel direct est Fernando Collor de Melo (1990 à 1992). Les mesures proposées par Collor prévoyaient l'arrivée d'investissements étrangers directs dans le capital des entreprises d'État. Par conséquent, la conduite de réformes du commerce extérieur et l'intention de privatiser certaines entreprises publiques sont devenues des priorités.

Le gouvernement de Collor a entamé un projet de privatisation des entreprises d'État[45], considérant que la gestion de ces entreprises ne correspondait pas au contexte de l'économie mondiale que le Brésil voulait intégrer. Le concept très contesté du processus de privatisation des entreprises publiques avait pour intention des réajustements des structures.

---

[42] Source: http://www.coopetroleo.com.br/phpb.htm «acessible au 25 août 2011»
[43] Thelmo Dutra de Rezende était militaire, il était néanmoins réserviste, plutôt considéré comme civil.
[44] Curieusement Brandão assuma la présidence de Petrobras le19 mars 1985, 5 jours après l'élection de Tancredo Neves.
[45] Petrobras ne faisait pas partie de la liste des entreprises à privatiser établie par la BNDES

La «*seconde ouverture des ports*»[46] lors du gouvernement de Collor apporta des résultats probants qui permirent à l'économie de relancer sa croissance, après une décennie de stagnation dans les années 1980. L'ouverture des ports s'appuyait sur l'élimination des barrières douanières, comme la Loi du Similaire Nationale et sur la création de Programmes Spéciaux d'Importation. Contrairement aux modèles d'ouverture économique chiliens et argentins[47], la reprise des importations intervint au milieu d'une période économique instable au Brésil. Il y eut tout d'abord la libéralisation du marché de capitaux puis le projet de libéralisation destiné à libéraliser le marché de biens et services. L'ouverture économique a permis la création d'importantes quantités de biens et services importés (bon ratio coût-bénéfice) ayant pour objectif la stimulation de la demande nationale. Il y eut en revanche une instabilité économique du produit national (sans le protectionnisme de la Loi du Similaire National) provoquant la hausse du taux de chômage. Des problèmes internes au gouvernement de Collor sont apparus. Ils l'ont conduit à quitter ses fonctions présidentielles. Collor fut accusé de corruption. Le choc de l'opinion publique et des pressions populaires réclamant son *impeachement*[48] l'ont conduit à se retirer de la présidence. Son vice-président, Itamar Franco (1992 à 1994) le remplaça jusqu'à la fin de son mandat présidentiel.

---

[46]La seconde "ouverture des ports" désigne l'ensemble des actions du Commerce Extérieur qui ont permis la reprise des activités d'importation et d'exportation au Brésil. Pour information la première ouverture des ports fut organisé en 1808 par le Souverain Jean VI.
[47] L'ouverture économique du Chili et de l'Argentine, dans les années 1970, a eu lieu à une époque de stabilité.
[48] Le choc populaire mentionné dans le texte, fait référence au mouvement des *Caras pintadas* (têtes peintes) en 1992, organisé par des étudiants qui manifestaient dans les rues réclamant l'*impeachment* du président Collor.

Le gouvernement d'Itamar chercha un équilibre économique entre les politiques de privatisation de Collor et un contrôle inflationniste. Fernando Henrique Cardoso, le Ministre des Finances en fonction, connut beaucoup de succès grâce au Plan Real, qui proposa de maîtriser l'inflation.

S'agissant des entreprises publiques, le gouvernement d'Itamar préconisa l'entrée du Brésil dans le marché international augurant l'arrivée future de capitaux étrangers. Itamar a rebaptisé en 1994, le nom de l'entreprise (Petrobrás devenu Petrobras, sans accent), et changé l'image (figure 4) où apparaissent les couleurs jaune et verte à coté des lettres BR sur le logo. Ce logo renforce l'identité nationale brésilienne de l'entreprise, renouant ainsi avec le développementalisme de Getúlio Vargas et de Juscelino Kubitschek.

Figure 4: Logo actuel (depuis 1994)

Source: http://www.petrobras.com.br/pt/quem-somos/perfil/a-marca-petrobras/historia-da-marca/

Le succès du Plan Real permit à Cardoso d'être élu président (de 1995 à 2002) grâce à un programme de défense du nationalisme, via la participation de l'État et celle du secteur privé. Lors du mandat de Cardoso, le programme de privatisations initié par Collor pris une toute autre forme : il reposait sur le secteur public puis privé avec l'appui de la BNDES et des fonds de pension à la recherche d'investissements. L'objectif était d'augmenter les investissements et la production. Le développementalisme reste très présent mais la notion de propriété publique change puisqu'elle passe à une participation public-privé. Lors de ce processus soutenu par l'État, Petrobras était dirigé par une coopération, alliant capital national et capital étranger. La plus grande période de production, de développement interne énergétique et de croissance économique de l'entreprise a vu le jour grâce à un financement privé national et étranger. D'une telle manière l'ouverture de l'économie était commun pour Collor et pour Cardoso, autant qui pour Cardoso cette ouverture doit être d'une manière plus contrôlée, comme dans le cas de l'inflation par le plan Real, des contrôles sur le taux d'impôt. Pour Collor, l'interventionnisme était «conservé», on peut le trouvé dans le cas du « gel» des prix, la réallocation des ressources d'épargne à consommation, et le «confisco».

Le candidat de l'opposition, Lula, est élu (2003 à 2010) à la fin du mandat de Cardoso. Malgré des discours antagonistes, les gouvernements Cardoso et Lula ont mené la même politique économique d'entreprises publiques[49]. Les programmes de politique économique de ces gouvernements ont établi des mesures développementalistes par l'instauration d'un interventionnisme et d'un protectionnisme d'État. Lors du mandat de Lula, le groupe Petrobras est devenu autosuffisant (en 2006). Il a découvert de nouvelles sources de pétrole pré-sel (en 2007). A chaque discours mentionnant le groupe Petrobras, Lula souligne la *«fierté d'être brésilien»*. Cette expression reflète son identité politique développementaliste qui comporte pour la première fois des caractéristiques patriotiques.

---

[49] On observe qu'à partir du gouvernement de Cardoso, Petrobras ne sera plus traitée comme une entreprise nationale mais comme une entreprise publique (de capital mixte) Ce changement a eu lieu lors de l'" *ouverture du capital* ", faisant référence à l'entrée de Petrobras dans le marché d'actions (bourse de valeurs).

Lors du mandat de Lula, un nouvel acteur l'OGX [50], jouant un rôle de soutien de Petrobras, surgit dans les relations entre l'État et le groupe pétrolier. Le gouvernement de Lula défend la participation d'OGX pour préserver l'économie nationale. C'est l'influence d'une entreprise brésilienne, qui joue un rôle dans la participation de la croissance nationale pour faire avancer le processus de production. Si ce dernier continue dans le territoire brésilien, il va ainsi contribuer aux résultats de l'économie brésilienne. La gestion des activités énergétiques reste dans des mains brésiliennes. Elle implique d'autres entreprises privées – brésiliennes- pour que l'économie soit toujours nationalisée, ou pour travailler en partenariat avec d'autres entreprises brésiliennes qui privilégient l'économie nationale[51]. OGX bénéficie, grâce à ce partenariat, d'un accord d'exploitation de pétrole pré-sel[52]. L'actualité de la politique développementaliste brésilienne démontre ainsi que le protectionnisme, l'interventionnisme, et le nationalisme– *ufanista* et volontariste – de l'économie brésilienne furent constantes et responsables du succès de Petrobas sur la période étudiée.

1.4 Considérations Finales

L'interventionnisme d'État et le protectionnisme économique sont les principales représentations développementalistes brésiliennes ayant vu le jour grâce à la création d'entreprises d'État, principalement dans le secteur

---

[50] Entreprise d'exploitation de pétrole et de gaz appartenant au groupe EBX, du brésilien Eike Batista, crée en 2007.
[51] Nogueira, Arnaldo José Franca Mazzei. 2006. «Um Balanço Das Relações De Trabalho No Setor Público Brasileiro Na Transição Do Governo De Fhc Pra O Governo De Lula.» *Informações FIPE*, 16-22.
[52] Sur le pré-sel, cf chapitre 4.

énergétique. Petrobras en est l'illustre exemple. Considérant ce qui précède, la mise en œuvre de politiques développementalistes nationales a été fondamentale pour le succès d'entreprises publiques et de ses segments.

Le début de l'étatisation incarnée par Getúlio Vargas, puis la création du destin brésilien – Brasilia – par Juscelino Kubistchek, suivi de la négociation nationaliste favorise un volontarisme d'État et une capacité productive : le Brésil produit de l'énergie par l'intermédiaire d'une entreprise d'État qui ne possède pas suffisamment de pétrole mais qui a l'intention de devenir un poids lourd du secteur. Le développement industriel s'interrompt lors des mandats de Jânio et de Jango, qui privilégient le réformisme de l'État et la politique extérieure. L'arrêt du développement économique contribua au déclin de ce programme et à la reprise du processus nationaliste par les militaires. Les entreprises d'État ont été très actives lors de la dictature militaire et de son apogée, le «*miracle économique*». Puis vint le temps de la restitution démocratique marqué par le retour du gouvernement civil qui procéda à la restructuration des entreprises publiques, tout en conservant une dimension nationaliste.

Petrobras est le symbole par excellence de l'État brésilien développementaliste, son propre logo en témoigne. Le premier logo où le drapeau brésilien tient lieu de référence représentait le populisme et le nationalisme. Lors de la dictature militaire, le deuxième logo a profondément changé. Il représentait le progrès et avait le souci d'une image symbolisant la « *puissance* » du secteur pétrolier. L'actuel logo, créé par la *Nouvelle République*, fait clairement référence au Brésil par ses couleurs et l'inscription «*BR*», qui rappelle les prémices du développementalisme avec des nuances patriotiques.

La législation brésilienne, favorable à l'interventionnisme, a dû être adaptée pour que les mesures de l'État concernant les entreprises nationales et le protectionnisme économique soient légitimes. Cette partie sera abordée dans le deuxième chapitre où il sera question de l'évolution des normes qui, en 50 ans, ont permis la création et l'autosuffisance productive de Petrobras, qui est devenue aujourd'hui une grande puissance du secteur pétrolier.

Chapitre 2: La législation interventionniste et protectionniste

> *"Du Planalto Central, de cette solitude qui se*
> *transformera bientôt en cerveau des hautes décisions*
> *nationales, je porte une fois de plus mon regard sur*
> *l'avenir de mon pays et j'entrevois avec une foi*
> *inébranlable et une confiance sans limite la naissance*
> *d'un grand destin."*[53]

La proposition développementaliste de l'économie brésilienne a abouti

par l'industrialisation et la création d'entreprises d'État. Petrobras est une

entreprise parmi d'autres à avoir bénéficié de l'interventionnisme, mais c'est la

seule entreprise qui a fait l'objet d'une claire intention de protectionnisme

légitimée par l'État. L'alliance de la légitimation et du contrôle permettent à l'État,

aidé par des lois, d'intervenir sur le marché.

S'agissant de Petrobras, l'État brésilien voyait d'un bon œil la mise en

place un protectionnisme de marché, dès lors qu'il considérait (et considère

toujours) que le Brésil a devant lui un «*grand destin*». Ce destin est une

représentation *ufanista* de la capacité productive brésilienne basée sur les

«*forces*» et richesses nationales, qui percevait la construction d'une économie

énergétique associée à celle de la nouvelle capitale – Brasilia, inaugurée en

1960 – comme les indicateurs d'une croissance plausible.

L'État a dû soutenir la croissance et les investissements de l'économie

industrielle pour que ce secteur, incarné par son entreprise pétrolière, connaisse

un véritable succès. Le combat énergétique s'est transformé à l'aube de la

Seconde Guerre Mondiale[54] en lutte hégémonique. Outre le développement

---

[53]Juscelino Kubitschek de Oliveira. Déclaration sur la construction de Brasilia, le 2 octobre 1956.
[54] Yergin, Daniel. 2010. *O Petróleo: Uma História Mundial De Conquistas, Poder E Dinheiro*. Rio
de Janeiro: Paz e Terra.

économique, le Brésil décida de produire du pétrole pour devenir un pays autosuffisant sur le plan énergétique. Considérant ce contexte, une nouvelle législation est adoptée pour légaliser et légitimer les mesures interventionnistes de l'État. L'État-entreprise défend ses intérêts et assume un statut de stratège du secteur pétrolier en accompagnant la transition interventionniste du modèle économique industriel.

Voilà pourquoi, nous aborderons dans ce chapitre l'évolution de la législation du secteur énergétique pétrolier au Brésil, conséquence directe de la vision développementaliste des dirigeants. Nous essayerons de répondre à la question portant sur la recherche : de l'époque où l'on ne trouvait pas de pétrole au Brésil jusqu'à la volte-face productive, quelles ont été les principales motivations qui ont conduits aux amendements législatifs de ce secteur, – comme la loi 2.004/53 et les contrats à risque et la loi 9.478/97 – qui ont permis à Petrobras d'être autonome et autosuffisant au niveau pétrolier?

Le principal argument avancé atteste que l'État est intervenu pour protéger le marché intérieur, portant atteinte à la *logique de marché*, utilisée comme le principal mécanisme stratégique. Cette logique qui résulte d'un contrôle étatique, suit la voie tracée par l'État pour apporter son soutien à Petrobras. Dès que l'État devint un acteur économique, de nouvelles mesures nationales portant sur les entreprises publiques ont été adaptées en interne, conformément aux besoins énoncés à l'État par le secteur d'activité en question. Ces besoins généreraient des amendements législatifs destinés à promouvoir la croissance et la productivité. Petrobras a ainsi bénéficié de lois *ad hoc* promulguées par l'État et qui lui ont permis de se développer sainement, ce dernier satisfaisait en effet ses besoins commerciaux. Petrobras devait en contrepartie asseoir sa position sur le marché pétrolier. De bons résultats en matière de production justifieraient tout amendement de la législation. L'État-entrepreneur espère pour sa part des bénéfices et une grande productivité des entreprises publiques. La mise à disposition d'outils législatifs, entre autres, faciliterait l'obtention de résultats probants.

La formation de l'industrie pétrolière brésilienne, entamée lors de la création de Petrobras, naît d'un projet nationaliste. C'est pourquoi, les décisions législatives devaient respecter la souveraineté nationale et favoriser l'économie. Nous étudierons l'évolution productive de Petrobras à travers trois dispositions législatives du secteur de l'industrie pétrolière au Brésil : le monopole de l'institution (loi 2.004/53), les contrats à risque et la Loi du Pétrole (loi 9.478/97) qui reflètent avec fidélité des relations directes entre l'État, Petrobras, et le marché du pétrole.

2.1 Petrobras et le monopole étatique (loi 2.004/53)

Pendant plus de 40 ans, Petrobras fut une entreprise publique placée sous le monopole de l'État (1953 à 1997). L'État en était non seulement l'unique administrateur de l'exploitation, de la production, du raffinage, du commerce[55] et du transport, mais aussi des investissements et des bénéfices de l'entreprise. Outre la propriété de puits disposée par la loi de l'institution du monopole de Petrobras, le pétrole est devenu une activité lucrative pour l'économie brésilienne. En conséquence, il est opportun d'étudier comment ce monopole et

---

[55] On entend ici par commerce, la vente et l'importation de pétrole.

la notion de propriété relative à l'évolution industrielle brésilienne ont été institués.

Petrobras a été fondée par la loi 2.004/53 (de 1953) pour être le moteur de la croissance industrielle brésilienne. La maîtrise des techniques d'extraction, la recherche, le labour, le raffinage, le commerce et le transport provenant de puits issus du territoire brésilien[56] figurent parmi les objectifs énoncés par la loi de l'institution de Petrobras qui prévoit de confier la gestion de ces activités à l'entreprise-publique. Petrobras et l'État sont ainsi associés à un projet économique commun, même si à cette période l'activité pétrolière se limite à l'importation de l'énergie fossile.

Le gouvernement fédéral s'est employé à répertorier l'ensemble de ses bassins intérieurs et à dispenser des formations à ses ingénieurs. L'État était certain de trouver du pétrole, puisque des entreprises étrangères avaient déjà trouvé plusieurs puits dans des pays limitrophes. Dès lors, des études géologiques[57] ont établi la présence de gisements potentiels dans l'état de Bahia[58]. Une croyance *ufanista* laissait penser que l'état d'Amazonas détenait, en plus de ses richesses végétales, des ressources pétrolières[59]. Cette logique conduisait le Brésil, convaincu de son existence, à considérer le pétrole comme une richesse à découvrir. La relation *ufanista* du Brésil avec le pétrole, jusqu'alors inexistant sur son territoire, garantirait l'élaboration et la mise en œuvre de la réglementation des activités liées à l'exploitation de ce produit.

---

[56] Loi 2.004/53 art. 6°
[57] Parmi eux le célèbre Rapport Link (1960 et 1961. Il sera davantage détaillé dans le chapitre 4.
[58] Dans la région de la ville de Lobato
[59] Il a été prouvé plus tard qu'une seule et unique partie de l'Amazone détenait du pétrole. Il s'agit de la région appelée: Alto Amazonas. Plus de détails dans le chapitre 4.

Dès le début de la création de Petrobras, l'État confiait l'exploitation des gisements brésiliens à l'entreprise nationale. Toutefois, la législation autorisait les sociétés d'initiatives privées, nationales ou étrangères à chercher et produire des quantités limitées de pétrole au Brésil, à condition d'être épaulées par des succursales locales[60]. En accord avec le gouvernement, de nouvelles entreprises pouvaient s'établir dans le secteur à condition de s'allier à des entreprises nationales (dont les actionnaires majoritaires étaient brésiliens). Cette mesure a été largement décriée par le courant nationaliste[61]. Néanmoins, le projet initial de Petrobras proposé par Vargas était nationaliste même s'il était « *secrètement* » disposé à accepter des fonds étrangers si nécessaire, tout en maintenant l'entreprise sous contrôle de l'État, jusqu'à l'autonomie énergétique[62]. D'intenses débats portant sur l'activité de multinationales au Brésil dans ce secteur, ont animé la vie politique, si bien qu'un projet de loi proposé au Congrès National prévoyait l'extension du monopole de Petrobras aux activités de distribution, d'importation de pétrole, et de produits dérivés. La direction de Petrobras refusa néanmoins le maintien du monopole de la distribution, préférant concentrer ses efforts sur l'importation[63]. De ce fait, les activités des multinationales, implantées Brésil à cette époque, se sont limitées à la distribution de pétrole. Nous pouvons affirmer qu'une prétendue «*concurrence*» de marché existait, mais en réalité l'État contrôlait

---

[60] Loi 2.004 de 1953, art. 18°
[61] Bastos, Pedro Paulo Zahluth. 2006. Sobre O Nacionalismo Do Segundo Governo Vargas: O Caso De Empresas Estatais E Filiais Estrangeiras No Ramo De Energia Elétrica. Paper read at XI Encontro Nacional de Economia Política, at Vitótia; p. 11
[62] Victor, Mario. 1970. *A Batalha Do Petróleo Brasileiro*. Rio de Janeiro: Civilização Brasileira; p. 321-324.
[63] Par le décret-loi n° 53.337 de 1963. Le président João Goulart proposa la nationalisation de la distribution, mais le projet fut abandonné suite au Coup d'État en 1964, sans être remis à l'ordre du jour. IN: Campos, Adriana Fiorotti. 2005. «A Reestruturação Da Indústria Do Petróleo Sul-Americana Nos Anos 90.». Rio de Janeiro.

souverainement Petrobras comme fournisseur unique, grâce à un assouplissement de la législation. Il est toujours perceptible que le monopole d'État pourrait être «*adapté*» de manière légale, s'il était besoin de solliciter des investissements.

La propriété de Petrobras est également définie par la loi du monopole. Cette loi prévoit que Petrobras est la propriété des institutions publiques du gouvernement brésilien et des institutions financières comme le *Banco do Brasil* et la BNDE[64]. Les institutions financières ont été les principales sources d'investissement de Petrobras lorsque celle-ci était une entreprise d'État[65]. La notion d'appartenance brésilienne de Petrobras – au peuple à l'État et – existe depuis la campagne des années 1930 baptisée «*le pétrole est à nous*»". Elle s'est étendue les années suivantes à certains secteurs politiques et sociaux malgré la "*chute*" du monopole, via des campagnes comme " *Petrobras nous appartient* "[66] et «*le pré-sel nous appartient*»[67]. On savait à cette période qu'il existait du pétrole sur le territoire brésilien, mais on ignorait tout sur sa quantité et sa qualité. Malgré cette inconnue, l'association entre le pétrole d'une part, et la richesse économique d'autre part, donnait naissance à une idéologie de propriété nationale. Cette logique était défendue par des mouvements populaires et des courants nationalistes qui soutenaient, outre la propriété nationale de réserves, le monopole de l'État et l'exclusivité nationale sur l'activité pétrolière.

---

[64] Loi 2004 art. 18°
[65] Sur les investissements de la BNDE(S) cf chapitre 3.
[66] En réponse à la loi 9.478/97, qui abroge la loi 2.004/53 sur le monopole étatique de Petrobras, que les nationalistes ont par la suite revendiqué.
[67] En réponse aux découvertes de pré-sel et à l'activité des multinationales du secteur, les nationalistes proposent l'abrogation de la loi 2.004/53 par substitution à la Loi du Pétrole.

Le commerce du pétrole dans le secteur public ou privé, dont les bénéfices constituent un élément essentiel, générant une croissance économique considérable, revêtait un intérêt purement économique. Voilà pourquoi, Petrobras a été l'objet d'un monopole de l'État dès sa création, non par un souci de propriété nationale mais plutôt par priorité économique : il fallait absolument trouver et produire du pétrole. Le monopole de l'État et la nationalisation de Petrobras s'expliquent davantage par des raisons économiques que patriotiques. La défense de l'étatisation, disposée dans un cadre légal, est motivée par des résultats économiques développementalistes plutôt que par un élan de souverainisme face à l'ingérence étrangère en territoire national. Il est évident que la souveraineté est préservée suite à cette nationalisation, comme le projet développementaliste le prévoit, contredisant ainsi l'idée de propriété comme finalité patriotique. On comprend ainsi que l'instrumentalisation des symboles nationaux, se référant au Brésil (illustré par le logo) et l'identification des territoires aux richesses naturelles soit destinée à neutraliser toute résistance populaire, et à obtenir l'approbation des mesures économiques.

L'intérêt du gouvernement brésilien de contrôler le secteur énergétique s'accorde à l'époque avec les besoins du marché. Le monopole garantissait de capitalisation des dividendes et de développement économique du secteur industriel tant que le marché était actif. La législation de la monopolisation de Petrobras par l'État est le fruit d'un interventionnisme mis en œuvre pour un fonctionnement optimum de ce marché. Cette politique ne pouvait être mise en place que dans un contexte favorable qui se traduit par le rejet du monopole de la distribution et de l'implantation de multinationales.

2.2 Le projet militaire de contrats à risque comme alternative à la recherche du pétrole

En 1968, l'insuccès des prospections sur terre conduit à la réorientation des recherches pétrolières dans le sous-sol maritime brésilien. A cette époque, les militaires gouvernaient. Le désir d'autosuffisance pétrolière demeurait l'objectif économique principal. Le projet des militaires, nommé «*Brésil Puissance*», en quête de reconnaissance internationale, reposait sur le développement de la nation ainsi qu'à des succès sur la scène diplomatique, financière et commerciale. Le projet militaire consacré à Petrobras et au secteur pétrolier consistait à maintenir le monopole tout en «*réinventant*» ce concept afin d'en permettre l'évolution productive.

La découverte du Champ de Guaricema (1968), dans l'état de Sergipe, prouva l'existence de pétrole dans le sous-sol maritime. Ce puit se trouvait dans des eaux peu profondes, correspondant à 80 mètres de profondeur. Cette découverte constitua l'opportunité, la première, pour que Petrobras se spécialise dans la prospection maritime. L'absence de résultats des prospections sur terre obligea le Brésil à réorienter ses recherches de pétrole en mer. Cette étape, baptisée «*création du pétrole*», fut indispensable pour révéler la puissance du moteur industriel dans l'économie nationale. L'orientation des recherches de pétrole en mer généra de nouveaux investissements dans le domaine de la recherche et du développement de technologies qui ont permis aux ingénieurs brésiliens d'entamer des recherches, malgré leur inexpérience dans ce milieu.

Le savoir-faire technologique était inhérent à l'exploitation du pétrole en mer or, le Brésil pâtissait d'incompétences techniques dans ce domaine. Deux propositions prévoyant l'exploitation du pétrole ont ainsi été présentées par le Ministre Antônio Dias Leite: la première envisage un développement technologique – ce qui exigerait du temps et davantage d'investissement de l'État. La deuxième prévoit la révision des principes du monopole d'État par la libéralisation du capital aux investisseurs extérieurs et des ressources technologiques nécessaires à l'exploitation[68] de ce puit. L'option libérale a été retenue, si bien que des propositions d'amendements législatifs autorisant la participation d'entreprises étrangères destinée à l'exploitation de pétrole dans un cadre légal ont été soumises.

Le gouvernement fédéral s'est résolu à revoir l'objectif de la politique stratégique de l'entreprise publique, en encourageant l'arrivée de nouveaux investisseurs étrangers. Il en conclu que les activités les plus lucratives – comme le raffinage, le transport, et l'importation – doivent rester sous contrôle de l'État. Il a également été décidé de développer la branche pétrochimique et de créer des filiales internationales pour dynamiser l'activité commerciale (INTERBRAS[69]) et l'exploitation (BRASPETRO[70]) de Petrobras à l'étranger. Petrobras voyait ainsi sa capacité de raffinage doubler, alors que sa production restait caduque, à cause de son incapacité à exploiter le sous-sol maritime.

---

[68] Carvalho, Getúlio. 1977. *Petrobrás: Do Monopólio Aos Contratos De Risco*. Rio de Janeiro: Forense Universitária, p. 128
[69] INTERBRAS: C'est une des filiales de Petrobras chargée des négociations portant sur le commerce extérieur. Fondée en 1976 et dissoute en 1990.
[70] BRASPETRO: C'est la filiale de Petrobras chargée de trouver et produire du pétrole à l'étranger. Créée en 1972.

Les recherches de nouveaux champs pétrolifères dans le sous-sol marin se sont poursuivies au cours des années 1970, jusqu'à la découverte du Bassin de Campos en 1974 – la plus grande zone pétrolière du Brésil, dans l'état de Rio de Janeiro. Néanmoins, cette source ne pouvait être exploitée qu'à partir de 1977, privant Petrobras de toute activité commerciale jusqu'à cette année, puisque l'entreprise n'était pas équipée pour réaliser des opérations maritimes. La découverte de ce champ pétrolifère intervint à un moment propice, en effet, des besoins énergétiques commençaient à poindre suite à la première crise du pétrole qui obligea l'État à contrôler la consommation nationale.

Suite à la première crise pétrolière et alors que l'entreprise publique était incapable de produire du pétrole malgré les ressources disponibles dans le Bassin de Campos, le gouvernement militaire proposa des contrats comprenant des clauses de risques (ou contrats à risque) qui prévoyaient, entre autres, l'autorisation de l'exploitation de la plate-forme continentale par d'autres entreprises que Petrobras. Le 9 octobre 1975, le Président, Général Geisel, annonça par un communiqué diffusé à la radio et à la télévision, l'intention de signer des contrats à risque entre, d'une part Petrobras, et de l'autre des entreprises privées nationales ou étrangères intéressées par le développement de l'activité du sous-sol brésilien. Ces contrats étaient nommés ainsi, puisqu'ils contenaient une clause qui qualifiait de *risques* tout investissement dans la recherche et la prospection dans les régions bénéficiaires du financement de ces entreprises, même si l'exploitation s'avérait infructueuse. Toutefois, si les recherches étaient fructueuses, l'activité serait partagée avec Petrobras et donc avec l'État. Nous observons bien que l'interventionnisme étatique préserve Petrobras de pertes éventuelles en cas d'insuccès des contrats à risque.

Les concessions des régions ciblées pour la recherche de champs pétrolifères au Brésil étaient accordées par Petrobras. Elles étaient en outre taxées. Geisel a lui-même déclaré lors d'un discours, que le «*succès*» de ces activités interviendrait cinq à six ans après l'accord des premières concessions. Les contrats à risque ont évidemment été très mal perçus par les nationalistes. Ils ont produit une onde de choc qui a ébranlé le nationalisme économique dès qu'ils ont été évoqués à la prise de pouvoir du Général Geisel, l'ancien président de Petrobras[71]. Il est ainsi possible d'établir une relation, entre le Président de la République et ses fonctions de président de Petrobras, qui incarnent l'importance de l'entreprise dans la vie politique brésilienne.

Lors de son allocution, le Président Geisel souligna l'urgence d'augmenter le prix du carburant raffiné à hauteur de 25% et le pétrole brut raffiné à hauteur de 10%, des mesures qui affectaient l'ensemble la population. La hausse des prix combinée à la politique des contrats à risque ont inquiété les nationalistes, les *entreguistas* et la population dans son ensemble. Le monopole de Petrobras, sur les puits et la légalité des contrats étaient sérieusement ébranlés. Les nationalistes critiquaient la chute du monopole brésilien décidée par les militaires au détriment de la souveraineté. Les *entreguistas* redoutaient quant à eux l'impact négatif sur les investissements publics et les retombées économiques. Enfin, la population faisait état de son scepticisme envers le gouvernement, mais elle craignait toute revendication publique en raison de la censure militaire qui frappait tous les moyens de communication de l'époque[72].

---

[71] Général Geisel fut président de Petrobras de 1968 à 1973, il quitta la présidence de la compagnie pour assumer la présidence du pays. Les décisions des militaires qui gouvernaient à l'époque s'appuyaient sur un corps électoral formé par le Congrès National et par des représentants de l'Assemblée législative.
[72] Bueno, Ricardo. 1981. *O Abc Do Entreguismo No Brasil*. São Paulo: Vozes.

Le principal écueil législatif des contrats à risque se traduit par l'absence de lois ou de décrets écrits. Les contrats à risque ont été proposés lors d'une allocution nationale, ils n'ont été l'objet d'aucune disposition législative. Nous pouvons en déduire que l'absence de lois portant sur les contrats facilitait leur abrogation si l'État le souhaitait. Il pouvait ainsi démontrer leur illégalité. De plus, il convient de préciser que les contrats à risque ne résultent en aucun cas d'une absence de volonté d'exploitation mais d'une absence de connaissances techniques. Tout ceci nous indique que la présence de multinationales pour l'exploitation du pétrole servirait d' «*observatoire technologique*» à Petrobras qui accompagnerait leurs activités au Brésil.

On observe que l'absence de textes de lois portant sur les contrats d'exploitation accordés aux entreprises privées nationales et étrangères s'agissant de l'exploitation de pétrole s'oppose à la loi 2.004/53 qui énonce que, seul le contrat produit des droits et des obligations lors de la participation de ces entreprises au Brésil. Les militaires estimaient que la légalité des contrats à risque reposait sur la signature des ces contrats, puisque ces derniers étaient signés entre Petrobras et ces entreprises, sans impliquer directement l'État. En conséquence, nous pouvons affirmer que cette manœuvre régissait de manière tacite une exploitation «*tertiarisée*». Petrobras administrait la supervision et le contrôle des services. A cette période, aucune clause ou article disposé dans la loi 2.004/53 interdisent la tertiarisation des activités toujours dépourvue de contrats. En outre, les entreprises partenaires demeurent sous le contrôle de Petrobras qui reste en activité dans les régions exploitées par les contrats à risque.

Le journaliste Barbosa Lima Sobrinho[73], partisan nationaliste, considéra illégales toutes signatures de contrats à risque en l'absence de lois ou décrets dans la législation brésilienne. D'après lui, les contrats à risque pullulent en toute «*clandestinité*», et s'opposent au principe de souveraineté nationale des sous-sols et côtes brésiliennes. Le journaliste a participé à la Sous-commission des Principes Généraux, d'Intervention de l'État, Régime de la Propriété du Sous-sol et de l'Activité économique en 1987, où il a débattu avec le président en exercice de Petrobras, Ozíres Silva, de l'illégalité des contrats[74]. Barbosa Lima Sobrinho précisa que ces contrats, qui ne s'appuyaient sur aucune base légale[75], résultaient d'une décision administrative contradictoire avec les lois régissant la propriété nationale, et qui recherchait d'évidents profits. Il apparaît clairement que les militaires se sont toujours engagés en faveur du monopole étatique. A cette période, les contrats étaient nécessaires pour accroître la production nationale, il fallait pour cela allouer des ressources supplémentaires à l'unité de raffinage. La question de propriété n'a pas été abordée, même si les nationalistes l'ont évoquée pour justifier leur position.

Le choix des techniques de l'exploitation autorisée par les contrats à risque renvoit aux résultats obtenus. Aucun des 103 contrats à risque signés entre 1975 et 1988[76] n'a permis la découverte de pétrole. Petrobras concentra ses recherches dans le Bassin de Campos et réalisa son premier forage en 1976.

---

[73] Politicien, journaliste, avocat et écrivain. Défenseur du monopole de l'État sur le pétrole et du pétrole comme la propriété brésilienne, défenseur de la souveraineté nationale, facteur récurrent dans ses prises de positions.
[74] Lima, Paulo César Ribeiro. 2008. «Assembléia Nacional Constituinte: Subcomissão De Princípios Gerais, Intervenção Do Estado, Regime Da Propriedade Do Subsolo E Da Atividade Econômica.». Brasília: Câmara dos Deputados.
[75] *Ibid.,* p. 11
[76] La Constitution signée en 1988 abrogea les contrats à risque.

En 1987, on observe que lors de la même Sous-commission, au cours de laquelle Barbosa Lima Sobrinho dénonça l'illégalité des contrats, le président de Petrobras, Ozires Silva, défendit les contrats à risque, les qualifiant d' «outils importants dans la mise en place des activités exploratoires»[77]. Il apparaît que, les résultats étonnants, obtenus grâce à la signature de ces contrats, aient générés de possibles gains financiers liés à la vente de concessions, et un transfert de technologies et de techniques d'exploitation.

En parallèle, le gouvernement propose le programme Proálcool (1975), dont l'objectif est de diversifier les sources de carburants des véhicules légers (voitures et motos) suite à la crise pétrolière. Ce programme qui écarte le soutien systématique du pétrole comme source d'énergie et de carburant[78] voit le jour grâce à l'utilisation de l'alcool (éthanol), provenant des usines de canne à sucre. La viabilité de l'utilisation de l'alcool comme carburant dépendait d'un accord passé avec les industries automobiles, de l'adaptation des moteurs, et de la chaîne d'approvisionnement pour la distribution d'alcool dans les stations essence. Le programme Proálcool fut ainsi perçu comme un projet structuré et ambitieux à l'époque, se différenciant du projet des contrats à risque établi de manière informelle, hors de tout cadre législatif.

S'agissant des négociations pétrolières, au cours de la période militaire, on se souvient que le gouvernement a proposé, lors des crises pétrolières, l'échange de tanks et d'armements militaires avec l'Iraq et d'autres pays du Moyen-Orient, contre la cession de pétrole et l'implantation de filiales à l'étranger[79]. Par conséquent, Petrobras n'a cessé de rechercher du pétrole tout

---

[77] Lima, p. 10
[78] Plus d'informations sur le programme Proálcool dans le chapitre 4
[79] Braspetro et Interbras.

en développant ses techniques de raffinage malgré les prémices de la privatisation qui ont permis de réapprécier la situation du marché à cette période. L'État-providence agit pour protéger l'activité de l'entreprise dans le secteur pétrolier, en accord avec les règles imposées par le marché : qui prévoient un pétrole rare, cher ou inexistant. La production de pétrole a atteint un seuil stratégique pour Petrobras, qui a entamé une activité internationale en collaborant avec d'autres entreprises même si elle a présenté des alternatives énergétique à l'utilisation du pétrole. Les critiques caractéristiques de *l'entreguismo* de l'époque, sont principalement dues aux contrats à risque. Elles s'avèrent infondées puisque les activités qui se sont fortement développées à l'étranger de même que les progrès réalisés en matière de raffinage et de distribution internes sont restés sous contrôle de l'État. Il apparaît ainsi que les décisions militaires ont clairement préservé les intérêts nationaux.

2.3 L'effet de la Loi du Pétrole (loi 9.478/97) envers l'État développementaliste

En 1985, le retour à la démocratie fut un nouveau tournant décisif dans l'évolution des activités de Petrobras – outre l'approbation de la nouvelle Constitution Fédérale de 1988 et le rétablissement des élections au suffrage universel direct après la fin de la dictature militaire en 1989[80] - insufflant un nouvel esprit économique au développementalisme et le souhait d'intégrer activement l'économie internationale. Le secteur des entreprises d'État a été

---

[80] Campos, Adriana Fiorotti. 1005. «Transformações Recentes No Setor Petrolíferi Brasileiro.» *Perspectiva Econômica*, jan./jun., 68-81, p.: 72

bouleversé par les politiques macro-économiques du Président Collor. Petrobras est devenue la cible de réformes structurelles, qui ont eu lieu plus tard, via l'entrée en vigueur de la Loi du Pétrole, adoptée par le gouvernement Cardoso.

Dès le début de son mandat, Fernando Collor – premier Président élu au suffrage universel direct – a proposé le Programme National de Privatisation (PND)[81], qui prévoyait la privatisation d'entreprises d'État pour stimuler la croissance économique. Petrobras a toutefois bénéficié d'exceptions de la BNDES pour rester sous contrôle étatique, des exceptions traduites par le scepticisme de la BNDES concernant le projet de privatisation de deux plateformes: la première, le maintien du contrôle de l'État sur le secteur énergétique, synonyme de capitalisation des dividendes pour l'État et, la deuxième, le maintien de l'adhésion populaire sur la question de la propriété publique. La privatisation n'est plus une question purement économique, elle crée un débat sur la propriété. Les nationalistes brésiliens percevaient les entreprises publiques comme la propriété de l'État et des brésiliens. Le PND n'a finalement pas abouti puisque Collor se retira de la présidence, et son successeur, Itamar Franco, abandonna l'idée privilégiant la stabilité politique du pays.

La réforme législative la plus significative intervient avec la signature de la Loi du Pétrole (loi 9.478 en 1997). Elle a eu lieu sous le gouvernement Cardoso (1995-2002). Le projet de loi prévoyait l'arrivée de fonds internationaux (soit publics, privés, nationaux ou étrangers), dont Petrobras avait besoin pour relancer l'économie. Il s'agissait évidemment d'une proposition *entreguista* pour

---

[81] PND institué 15 jours après la prise de fonction de Collor.

les nationalistes qui pensait que le gouvernement «*romprait*» le monopole, et se verrait déposséder de Petrobras et du pétrole national. Néanmoins, cette analyse est erronée, car la Loi du Pétrole dispose que l'État reste l'«*administrateur*» principal du secteur pétrolier. La relation entre l'État et Petrobras demeure égale. Le gouvernement propose des réformes envisageant l'augmentation de la production de pétrole, signifiant des mesures qui seraient bénéfiques à l'économie développementaliste. En conséquence, la Loi du Pétrole (loi 9.478/97) abroge la loi 2.004/53, et autorise l'arrivée de nouveaux investisseurs pour développer le secteur pétrolier. Petrobras commence alors à négocier avec ces entreprises.

La Loi du Pétrole énonce aussi l'«*ouverture du capital*» de Petrobras, elle marque la fin du monopole sur le cabotage et la révision des termes constituants sur la dette extérieure. En outre, elle a pour principale priorité d'offrir à l'Union (l'État) une totale liberté d'accorder et d'autoriser toute activité pétrolière aux entreprises privées, nationales et étrangères régulées par l'Agence Nationale du Pétrole (ANP), également créée par cette loi.

Grâce à cette mesure, l'État conserve la majorité des actions préférentielles. Cela signifie qu'il reste l'administrateur et le propriétaire de l'entreprise. L'ouverture du capital[82] favorise l'arrivée de nouveaux investisseurs, outre l'État, dans les finances de Petrobras. Pour légitimer ces réformes, il a été nécessaire de modifier la Constitution Fédérale en vigueur (de 1988), car ce texte établissait une distinction entre entreprises nationale et brésilienne de

---

[82] Ouverture de capital: elle entre dans le cadre de la Loi de société par actions, ou sociétés anonymes. Le capital de l'entreprise est alors divisé en actions qui peuvent être négociables à la Bourse. Une telle action a pour objectif l'acquisition d'investissements et la capitalisation de ressources.

capital étranger, déterminant comment les entreprises de capital étranger pouvaient exploiter le sous-sol brésilien[83]. A partir de ce moment, Petrobras n'est plus une entreprise nationale (au capital exclusivement brésilien), devant une entreprise brésilienne de capital étranger. Cet état signifie que l'entreprise est toujours brésilienne (actionnariat majoritairement brésilien), mais elle s'ouvre à des investissements étrangers. Outre l'exploitation du sous-sol brésilien, l'*«ouverture du capital»* a permis l'utilisation de fonds étrangers investis dans le capital de Petrobras. Un autre changement concernant le transport de marchandises a eu lieu, il a mis fin au monopole de cabotage, en autorisant le transport de minerais par des navires étrangers sur des fleuves brésiliens. Cette procédure a également supprimé le premier paragraphe de la Constitution de 1988 qui disposait et interdisait au gouvernement la saisie de pétrole comme garantie de la dette extérieure brésilienne.

Les principaux éléments de la Loi du Pétrole, énoncés dans l'art. 1° de la loi, établissent la préservation de l'intérêt national comme principe de base précédant la garantie d'approvisionnement de biocarburants sur l'ensemble du territoire, la protection de l'environnement, des intérêts des consommateurs, le développement économique, l'identification des solutions pour l'approvisionnement d'énergie électrique, la promotion de la *libre concurrence,* l'accroissement de la compétitivité nationale sur le marché international, et en dernier lieu, l'attraction d' investissements destinés à la production d'énergie[84]. Les notions de *«libre concurrence»*, ainsi que d'accroissement de la compétitivité énoncé dans la loi 9.478/97, mentionnent un contresens du projet de la nouvelle

---

[83] Seules les entreprises étrangères détenant jusqu'à 49% des actions des compagnies minières au Brésil.
[84] Loi 9.478/97, art 1°

structure de l'entreprise. Effectivement, il n'est pas question d'administrer une entreprise privée puisque l'interdépendance avec l'État existe toujours. À cet égard, il est possible d'observer que les priorités du développementalisme brésilien imposent la vision d'un marché nécessitant une concurrence pour atteindre le taux de croissance escompté. Ces notions ont été présentées comme des solutions de marché. Cependant, dans l'environnement développementaliste, où la compétitivité stratégique est justifiée par le protectionnisme, l'État est perçu comme un entrepreneur. Le contresens entre *protectionnisme* et *libre échange,* présent à ce moment provient, d'une interprétation restrictive de ce que serait la compétitivité économique associée à l'interventionnisme étatique.

L'ANP est une nouvelle agence étatique, qui accorde de l'importance à la régulation de l'État. Elle est rattachée au Ministère des Mines et de l'Énergie[85]. L'ANP accompagne les entreprises partenaires dans leurs activités au Brésil. C'est pour cela que Petrobras a dû transmettre les informations sur les recherches ayant eu lieu dans les bassins sédimentaires à l'ANP[86]. De ce fait, nous observons que Petrobras a vu sa concentration de pouvoir portant sur les connaissances du sous-sol brésilien s'affaiblir, par la création d'un «*système*» pétrolier, qui a également modifié sa gouvernance corporative. Ce système, prévu par la loi, réglemente l'échange et le support de transmission de données entre l'ANP et Petrobras. Cette altération affecte par conséquent l'interprétation

---

[85] L'ANP est décrite dans l'Art. 8º, Loi nº 9478/97 elle ambitionne de "*promouvoir la régulation, le recrutement, et la fiscalisation des activités économiques intégrées dans l'industrie pétrolière*"

[86] art.22 de la Loi nº 9.478/97, énonce que "*Petrobras transfèrera à l'ANP les informations et les données dont elle dispose sur les bassins sédimentaires brésiliens ainsi que celles concernant les activités de recherches, d'exploitation et de production de pétrole et de gaz naturel produit en fonction de l'exclusivité de l'exercice du monopole jusqu'à la publication de la loi* ".

du pouvoir décisionnaire et exécutif de Petrobras sur le territoire brésilien. Elle détermine la réalité énergétique et limite le pouvoir politique de Petrobras. Le rôle interventionniste de l'État sur Petrobras, désormais partagé avec l'ANP, est remis en question. La différence entre Petrobras et l'ANP repose sur la nature de leurs fonctions. Petrobras était perçue comme une entreprise d'État et une agence développementaliste qui reste une compagnie à but lucratif, alors que l'ANP est un Service du Ministère des Mines et de l'Energie. Elle fait, à proprement parler, partie du gouvernement qui administre la fiscalisation des activités économiques de l'industrie pétrolières. En effet, la direction de cette agence est nommée par le gouvernement brésilien. Elle est formée d'un corps d'ingénieurs et de chercheurs spécialisés dans le domaine pétrochimique, qui proposent de «*stimuler le développementalisme*»[87] conformément aux directives de la présidence du Brésil. On peut aussi noter que l'ANP a formé un groupe de recherche et de développement qui aspire à la croissance grâce au développement de la branche pétrolière. Le pétrole s'avère, une nouvelle fois dans l'histoire brésilienne, un instrument de croissance économique. L'ANP et Petrobras partagent toutes les deux une vision *ufanista* de la relation entre l'État et le pétrole et du développement national. Comme nous l'avons expliqué précédemment, elles s'opposent néanmoins par la nature de leurs activités. Petrobras est une entreprise à but lucratif, tandis que l'ANP est mandatée par le gouvernement, elle organise et accompagne l'activité économique du marché pétrolier.

---

[87] L'ANP décrit sa fonction: promouvoir le développement continu de l'industrie pétrolière brésilienne.

Suite aux recherches de modernisation de l'État, et de croissance du secteur pétrolier, il était nécessaire de réviser la structure de Petrobras pour l'adapter au marché énergétique international et ainsi satisfaire la demande intérieure. Il fallait s'affranchir de l'image conservatrice établie entre l'État et Petrobras en proposant l'intégration d'un corps technique à l'ANP. Le développement de la production pétrolière brésilienne a été dynamisé grâce à l'ouverture du processus d'investissements[88] du capital de Petrobras. Ces investissements se sont concentrés sur les activités de recherche et de développements maritimes. Ce n'est qu'à partir de 1997 que Petrobras fut capable d'entreprendre des recherches dans les eaux profondes (Figure 5). Elle en fait à cette occasion sa spécialité technologique. La figure 5 permet d'analyser chronologiquement[89] les profondeurs atteintes dans la couche post-sel. On observe ainsi que la spécialité de Petrobras s'accorde aux revendications brésiliennes du projet *ufanista* (*«création de pétrole»*) qui envisage de trouver du pétrole à n'importe quel prix et en abondance.

---

[88] Plus d'informations sur les investissements dans le chapitre 3.
[89] Couche post-sel: c'est la couche qui se trouve entre le fond de mer (approximativement 2000 mètres de profondeur) et la couche de sel (a 3000 mètres de profondeur).

Figure 5: Graphique des découvertes de pétrole post-sel

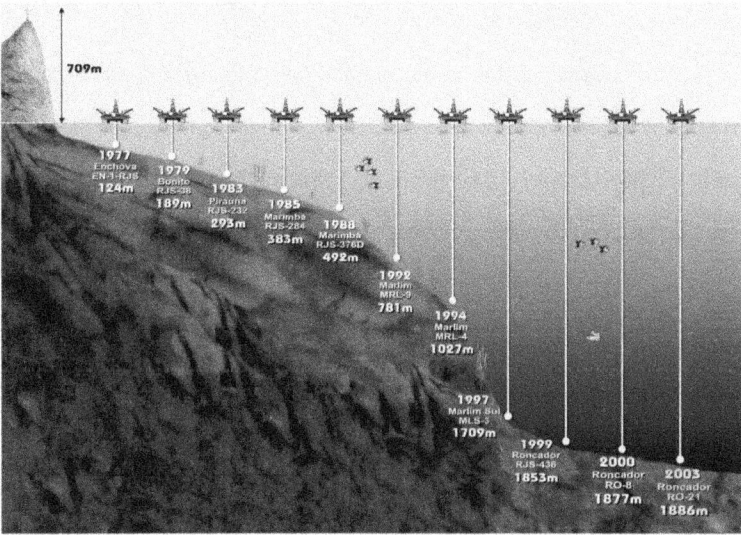

Il est intéressant d'apprécier dans ce graphique, la présence de symboles nationaux associés aux résultats obtenus et diffusés dans cette image (cf chapitre 1). On observe ici la comparaison entre la hauteur du Christ Rédempteur (récemment promu au rang de huitième merveille du monde), symbole brésilien par excellence, et la profondeur des couches de pétrole post-sel. Le désir du progrès, alliant l'État, l'entreprise, et la Loi du Pétrole, n'interfère pas dans cette relation, puisque l'État reste un acteur économique majeur. La relation entre Petrobras et l'État se fragilise, même si ce dernier reste propriétaire en tant qu'actionnaire majoritaire, puisqu'il ne détient plus le monopole de l'activité. Cette relation complexe ne met pas un terme au rôle de Petrobras dans le développement économique, au contraire, elle est le moteur d'une croissance accélérée.

La découverte du Bassin de Campos fut un tournant dans l'histoire du pétrole au Brésil, car elle a confirmé l'existence de ressources pétrolières dans le pays et elle a défini la spécialité de l'entreprise. La Loi du Pétrole est, elle aussi, une étape essentielle, voyant augmenter la production nationale grâce à de nouveaux investissements dans le secteur. Ces investissements ont permis l'acquisition de nouvelles technologies d'exploitation ayant contribué à l'autosuffisance en 2006 et à la découverte de pétrole dans la couche pré-sel[90] dans le sous-sol maritime national. Cependant, l'autosuffisance pétrolière n'a pas marqué la fin des importations. Elle signifiait que la quantité de pétrole produite était équivalente ou supérieure à la quantité raffinée. On peut qualifier de *lourd* le pétrole extrait au Brésil. Les raffineries construites avant sa découverte traitaient un pétrole importé « *léger* ». L'autosuffisance ne ralentit pas les importations de pétrole « *léger* » et l'exportation de pétrole brut.

Le graphique 1, représente une évolution de la production de pétrole brut (pétrole) au Brésil, en millions de barils de pétrole équivalents (BOE) à trois moments de la prospection, sur terre, dans les eaux peu profondes, et dans les eaux profondes[91] (et ultras-profondes[92]). De plus, on constate une augmentation de la production résultant de la Loi du Pétrole.

---

[90] Pré-sel ou Couche pré-sel c'est la dénomination des gisements de pétrole au dessus de la couche géologique du sel. Plus d'informations sur le pré-sel dans le chapitre 4.
[91] Eaux profondes: profondeur à partir d'une lame d'eau allant 300 mètres à 1500 mètres. («Especial Petrobras.». 2008. *Isto é*)
[92] Eaux ultra-profondes: se réfère à des profondeurs supérieures à 1500 mètres à partir de la lame d'eau («Especial Petrobras.». 2008. *Isto é)*.

Graphique 1: Évolution de la production de pétrole au Brésil (en millions de BOE)

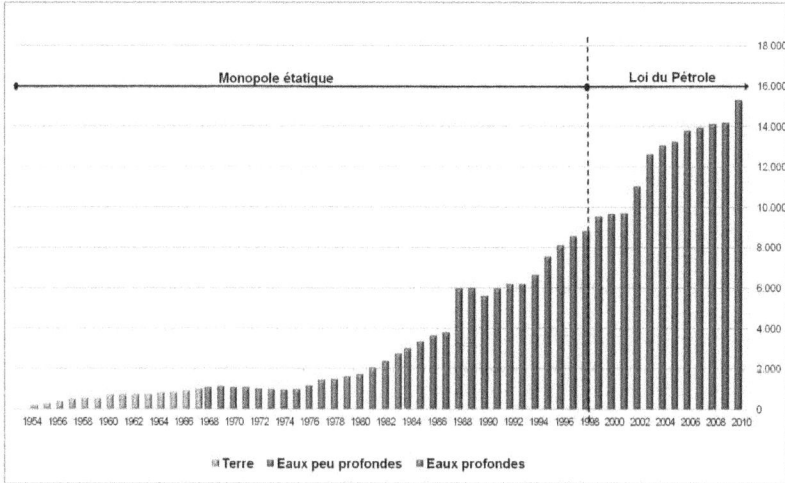

Source: Petrobras – Rapports annuels

Contrairement à la PND de Collor, la Loi du Pétrole du gouvernement Cardoso ne prévoyait pas la privatisation pour mettre fin à l'économie nationaliste, elle recherchait plutôt une nouvelle source de capitaux et d'investissements pour le développement interne de l'entreprise. La stratégie de financement s'est avérée fructueuse, car la production de pétrole augmenta. Dans les années 2000, Petrobras a bénéficié d'un traitement différent en raison de son statut symbolique. En cinquante ans, elle est passée de modèle national de substitution aux importations et de symbole développementaliste à un symbole protégé par l'État et désormais ouvert à l'investissement étranger.

A la fin du mandat de Cardoso, le gouvernement de Lula n'a pas amendé les dispositions de la Loi du Pétrole. Les enchères des concessions organisées par l'ANP ont permis l'autosuffisance en 2006 et la découverte de Pré-sel dans le Champ de Tupi (Campo de Tupi)[93], en 2007[94].

En 2010, d'après les données du Bulletin de la Production de Pétrole et de Gaz Naturel de l'ANP, la production pétrolière privée dans le pays est mineure mais en constante augmentation, elle intervient encore dans la plupart des cas en partenariat avec Petrobras. Depuis l'entrée en vigueur de la Loi du Pétrole, la participation des compagnies étrangères a pratiquement triplé passant de 2,6% à 6.1% du volume total produit au Brésil. L'ANP informe que les firmes privées ont produit fin 2010, 192,6 mille barils par jour, équivalent à 8,3% de l'ensemble de la production au Brésil.[95]

2.4 Considérations finales

Comme nous l'avons démontré, les amendements de la législation brésilienne qui ont permis à l'État brésilien d'intervenir sur l'activité du secteur énergétique en favorisant à la fois la croissance de Petrobras et la croissance du marché national sont fréquents. En d'autres termes, la législation brésilienne a été réajustée pour que les politiques du secteur énergétique soient conformes aux règles du marché basées sur la profitabilité tout en respectant le principe de contrôle étatique. S'agissant de Petrobras, les règles de marché sont définies de manière particulière, dès lors que l'interventionnisme de l'État substitue le libre

[93] Champ de Tupi est localisé dans le Bassin de Santos. Des estimations quantifient ses réserves entre 5 et 8 milliards de barils de pétrole, en plus du gaz naturel. Centre d'Informations de Pétrole et de Gaz Naturel de l'État de Rio de Janeiro http://www.petroleo.rj.gov.br/site/
[94] «A Verdadeira História Do Pré-Sal.». 2009. *O Estado de São Paulo.*
[95] Bulletin de la Production du Pétrole et du Gaz Naturel, ANP, décembre 2010.

échange. La définition prévoyait que Petrobras se développerait «*en suivant la voie*» tracée par les autres grandes compagnies, considérant le contexte particulier dans lequel l'État définit son propre rôle.

L'évolution de la législation du secteur témoigne de l'intention de l'État à promouvoir l'activité de Petrobras. L'interventionnisme permet au pétrole de transformer l'économie brésilienne. Les manœuvres législatives portant sur le monopole ont suivi un processus de contrôle des dividendes de l'État, alors que le marché international du pétrole était contrôlé par les grands groupes pétroliers. Petrobras n'aurait pas survécu sans le soutien de l'État, qui contrôlait le marché intérieur. Le gouvernement militaire proposa plus tard des contrats à risque et un programme baptisé Proálcool –présenté comme une alternative de la «*création du pétrole*» et une nouvelle technologie de développement énergétique face à une situation urgente d'approvisionnement d'énergie en temps de crise. En définitive, en 1997, la Loi du Pétrole a offert une dimension internationale à Petrobras qui bénéficie toujours de la participation de l'État dans le financement de l'entreprise. Cette loi interprète les règles de marché, principalement celle de la libre concurrence, de manière restrictive et favorable à l'État. Petrobras a obtenu les résultats escomptés : à savoir une autosuffisance productive et la découverte de sources de pétrole pré-sel.

Petrobras a toujours été dirigé par l'État qui est aujourd'hui son actionnaire majoritaire. Les décisions politiques, en accord avec les positions du marché, prévoyaient un scénario favorable aussi bien sur le plan de la croissance de Petrobras que sur le plan du développement économique de l'industrie brésilienne. Ces mesures avaient pour dénominateur commun le débat sur les futurs bénéfices que générerait la production de pétrole, ce avant l'existence de cette ressource. La classe politique envisageait de manière *ufanista* de quantifier les retombées économiques avant la découverte de l'or noir.

L'évolution de la législation du secteur pétrolier au Brésil peut, ainsi, se résumer à des intérêts patrimoniaux, de capitalisation et de propriété. Lors du monopole étatique, Petrobras et l'or noir étaient perçus comme des biens patrimoniaux qui apporteraient au pays des garanties économiques, les contrats à risque sur la propriété de l'État ont été assimilés à un interventionnisme clandestin, et la Loi du Pétrole a été considérée comme un objectif de capitalisation nationale couplé d'un investissement privé. La libéralisation de l'économie, l'ouverture du capital et l'évolution de la législation en faveur de Petrobras n'ont pas affecté le cours de l'économie brésilienne, ils ont au contraire été des moteurs essentiels à son essor.

Les investissements publics et l'alliance publique et privée prévue par la Loi du Pétrole ont transformé Petrobras en une grande puissance pétrolière non *ufanista*, il s'agit plus précisément de la troisième entreprise pétrolière mondiale. Les caractéristiques et la transition de ces investissements sont l'objet d'une étude approfondie dans le chapitre 3, qui évoque comment la croissance économique prévaut sur les intérêts de propriété nationale.

Chapitre 3: Les investissements du projet national

> *"Un pays est possédé et dominé par la capital qu'il investit en lui."* [96]

> *"Le meilleur business du monde c'est une entreprise pétrolière bien gérée. Le deuxième business le plus rentable au monde c'est une entreprise pétrolière en faillite."*[97]

L'analyse des investissements de l'État brésilien versés à Petrobras est l'objet d'étude de ce chapitre, qui vise à répondre à la question suivante: comment les politiques d'investissements publiques destinés à développer les activités de Petrobras sont-elles nées, alors que l'État était l'unique actionnaire de Petrobras et quelles ont été les principaux résultats après la promulgation de la loi 9.478/97?

L'économie brésilienne bénéficie des investissements alloués à Petrobras. A l'origine, Petrobras fut créée pour développer l'économie industrielle. Cependant, on observe que la multinationale a joué un rôle dans l'économie brésilienne, elle a de manière générale contribué à la diversification des sources de capitaux.

La législation relative au secteur de l'industrie pétrolière brésilienne, et plus précisément les lois 2.004/53 (Loi du Monopole) et 9.478/97 (Loi du Pétrole), ont déterminé l'origine des investissements perçus par Petrobras, et, en conséquence, des projets de recherche développés par les centres de recherche de l'entreprise d'État. La fondation de Petrobras est marquée par la participation exclusive de l'État comme unique actionnaire de l'entreprise, puis l'évolution de

---

[96] Woodrow Wilson in, Galeano, Eduardo. 2007. *As Veia Abertas Da América Latina*. Rio de Janeiro: Paz e Terra.
[97] Attribué à John D. Rockefeller

la firme révèle l'intégration de nouveaux investisseurs. Le débat fondamental entre ces deux périodes se base sur la corrélation entre l'évolution macroéconomique de l'économie brésilienne et l'évolution microéconomique de la production pétrolière.

Le capital investi dans l'entreprise provenait uniquement de sources internes de l'État, et donc d'institutions financières publiques comme la Banco do Brasil et la BNDE(S), conformément aux dispositions de la loi 2.004/53, tant que la loi 2.004/53 régissait Petrobras. Suite à différentes crises (économiques internes, outre les chocs pétroliers), ces instituts ont confié le financement de Petrobras à des fonds de pension. Petrobras est alors administrée par la Junte militaire (1964-1985). Ses activités se limitaient au raffinage de pétrole importé. La production nationale étant très faible, l'économie dépendait directement des prix du baril imposé par le marché international.

La situation évolue dès l'entrée en vigueur de la loi 9.478/97 portant sur l'origine des capitaux, principal élément de cette transformation. Cette disposition législative apparaît comme une alternative au développement de nouvelles technologies qui interviennent dans la production pétrolière. Cette loi autorise Petrobras à percevoir des fonds provenant de diverses sources, en plus des investissements publics. Cet apport varié de capitaux a directement modifié la recherche dans ce secteur, qui a vu sa production croître suite au développement de nouvelles technologies. L'État maintient toutefois sa participation. Il demeure favorable à la nationalisation de l'économie. Les projets sont désormais discutés entre les entreprises privées nationales et les entreprises étrangères. Malgré tout, la nouvelle loi proposa une union avec des entreprises privées brésiliennes, projetant de maintenir un cycle économique développementaliste.

La présence permanente de l'État traduite par l'interventionnisme de marché et le protectionnisme économique figurent parmi les principaux arguments. Ainsi, la relation entre l'État et Petrobras fut constante, malgré les amendements apportés par la loi du pétrole. L'État a maintenu et affiné son projet d'économie développementaliste, en effet, il demeure les dimensions protectionniste et interventionniste caractéristiques du monopole étatique.

C'est pourquoi nous analyserons dans ce chapitre la période à laquelle la Loi du Monopole, (loi 2.004/53) était en vigueur (de 1953 à 1997), incarnant parfaitement l'économie brésilienne et les projets économiques développementalistes. Puis, nous nous intéresserons à la Loi du Pétrole (loi 9.478/97) qui mit fin au monopole national. Cette disposition législative se reflète dans les résultats économiques brésiliens, que l'on peut consulter par les lectures des données macroéconomiques et de l'évolution du développementalisme.

3.1 L'investissement public consacré à Petrobras pendant la Loi du Monopole (loi 2.004/53) et les programmes de développement économiques (de 1953 à 1997)

Lorsque Petrobras était sous monopole étatique, son financement dépendait directement de la situation économique[98]. A cette période, l'économie brésilienne cherchait à maîtriser l'inflation. Divers programmes projetant de stabiliser l'économie sont proposés. Ces projets envisageaient de développer des activités spécifiques. Le secteur énergétique était au cœur des programmes du développement économique. Pendant la durée de la loi 2.004/53 (la Loi du Monopole), de 1953 à 1997, Petrobras ne traitait qu'avec l'État brésilien. Il dépendait de ses investissements[99] et lui redistribuait ses dividendes[100].

Les investissements versés à Petrobras ont connu trois phases publiques d'investissements jusqu'à l'abrogation de la Loi du Monopole (1997). La première phase date de l'institution de Petrobras et de la naissance de l'économie développementaliste (1953 à 1964), période durant laquelle l'entreprise définissait ses activités et sa relation avec l'État. A cette époque, l'économie traversait une période de transition, suite à l'émergence du modèle industriel. La deuxième phase (1964 à 1985) remonte à la dictature militaire et au projet baptisé «*Brésil Puissance*», lorsque les entreprises publiques sont devenues des acteurs économiques qui maîtrisaient l'inflation. La troisième phase (1985 à 1997) intervient à la fin du monopole exclusif, et plus précisément lors du retour à la démocratie. La Loi du Monopole fut abrogée à cette époque, bouleversant ainsi le cycle des investissements publics alloués à Petrobras.

Le Brésil posa les bases du modèle économique industriel lors de la première phase publique de Petrobras. Le premier plan économique brésilien

---

[98] Loivos Jr, Luís Jorge da Silva. 2004. «Anos Jk: Planejamento Econômico Nacional E Regiona;.» *Revista CADE-FMJ*, julho/dezembro, 153-72.
[99] Pereira, José Matias. 2003. *Economia Brasileira*. São Paulo: Atlas.
[100] Pereira, 2003

mis en place sous le gouvernement Dutra (1946 à 1951), le Plan SALTE - Santé, Alimentation, Transport et Energie – envisageait déjà d'investir les fonds publics au profit du développementalisme et des secteurs économiques prioritaires. L'*énergie* était considérée comme le moteur de l'industrie nationale. Les autres secteurs étaient quant à eux jugés responsables de la hausse des taux d'inflation et de l'augmentation du coût de la vie dans les grands centres urbains[101]. Le plan SALTE avait pour objectif de maîtriser l'inflation, qui atteignait 5,9% par an, avant sa mise en œuvre (1948), alors que le taux de croissance moyen du PIB était de 9,7%[102]. Ainsi, le plan SALTE prévoyait de coordonner les dépenses publiques et d'orienter les investissements en faveur des secteurs prioritaires. L'inflation de cette période résultait toujours de la politique de *café au lait*. D'autre part, on observe que les préoccupations énergétiques sont au cœur des débats politiques avant l'institution de Petrobras.

Les ressources de l'État ont régi Petrobras, lorsque la politique développementaliste fut clairement établie par Vargas. Cependant, l'État n'avait pas les ressources financières pour bâtir les premières raffineries, il a dû souscrire des emprunts à l'étranger. Le profil macroéconomique brésilien a été bouleversé lors de la présidence de Juscelino Kubitschek (1956 à 1961). Finalement, le gouvernement de JK, en 1961, a vu les taux d'inflation s'envoler à 47,8%, alors que le PIB augmentait de 9.4%, et la dette extérieure de 50%, représentant 2,7 fois le total des exportations[103]. À cette période, le programme politique reposait sur une économie développementaliste incarnée par le Plan

[101] Lucchesi, Celso Fernando. 1998. «Petróleo.» *Estudos Avançados*, 17-40.
[102] *Instituto Brasileiro De Economia (Ibre-Fgv).* En ligne. http://portalibre.fgv.br/main.jsp?lumPageId=402880811D8E34B9011D9CCEF4BA7CD8.
[103] Almeida, Paulo Roberto. 2007. «As Relações Econômicas Internacionais Do Brasil Nos Anos 1950 Aos 80.» *Revista Brasileira de Política Internacional*, 60-79.

d'Objectifs, un programme économique minutieusement préparé qui projetait d'accroître les investissements dans les secteurs spécifiques – alimentation, éducation, énergie, transport et industrie de base[104]. De plus, ce gouvernement augmenta les dépenses publiques en délocalisant la capitale à Brasilia. Pour financer l'ensemble des mesures du Plan d'Objectifs et la construction de Brasilia, l'État a sollicité des emprunts et des investissements provenant de pays étrangers. L'économie brésilienne s'est d'une certaine manière «*internationalisée*». Les principaux secteurs industriels ont perçu des subventions financières. Néanmoins, ce gouvernement accru la dette extérieure qu'il légua à ses successeurs.

Même si elle faisait déjà partie du contexte brésilien, la BNDE(S) n'interfère activement dans la relation entre Petrobras et l'État brésilien qu'au cours des années 1960. L'une des premières propositions d'étude soumise par la BNDE(S) envisage de partager des connaissances techniques avec les entreprises chimiques brésiliennes, propositions bénéfiques aux entreprises concernées. La BNDE(S) proposa officiellement une convention de coopération technique et financière avec Petrobras afin d'officialiser le développement de l'industrie pétrochimique[105].

La seconde phase d'investissements intervint lors de la prise de pouvoir des militaires, qui fut l'une des périodes les plus importantes du développementalisme. Les militaires prirent le pouvoir en 1964 et établirent immédiatement un programme de maîtrise de l'inflation, baptisé *Programme d'Action Économique du Gouvernement* – PAEG, proposé lors du gouvernement

[104] Furtado, Celso. 1979. *Formação Econômica Do Brasil*. São Paulo: Cia Editora Nacional.
[105] Connue par la Convention BNDE/Petrobras.

du Maréchal Castelo Branco (1964 à 1967). Les militaires ont gouverné pour corriger la situation politique des derniers gouvernements (de Jânio Quadros en 1961; et de João Goulart de 1961 à 1964) mais aussi pour stabiliser la situation économique du Brésil qui était à l'époque une question majeure. Dès leur création, les entreprises publiques ont été contrôlées en interne par les militaires – par mesure de protectionnisme. Ces derniers se sont opposés à toute intervention étrangère dans l'économie nationale, privilégiant, ainsi les capitaux nationaux, la croissance économique, et le projet développementaliste. Considérée comme un élément national, l'économie était contrôlée par l'État souverain. Ainsi, toute intervention externe était perçue comme une «*agression*» à la souveraineté de l'État, par la Junte au pouvoir. Étant deux éléments fondamentaux, l'énergie et les entreprises d'État étaient l'objet d'un intérêt tout particulier, puisqu'elles étaient essentielles à la mise en œuvre du projet développementaliste.

Dès lors, les militaires ont perçu l'intérêt de développer un programme économique développementaliste qui prévoyait le réajustement des objectifs initiaux de la reprise de la croissance favorable au développement des secteurs industriels nationaux[106]. Le projet est baptisé PND (Programme National de Développement Economique). Il s'est décliné sous 3 versions. La 1ère version, naquit sous le gouvernement Médice (1969 à 1974), et projetait d'investir les fonds publics dans les secteurs sidérurgiques, pétrochimiques, des transports et de l'énergie électrique. Le développement industriel ne pouvait aboutir sans d'importants investissements consacrés à des domaines fondamentaux de

---

[106] Veloso, Fernando A., et Fabio Giambiagi. 2008. «Determinantes Do "Milagre" Econômico Brasileiro (1968-1973): Uma Análise Empírica.» *Revista Brasileira de Economia*, abr-jun, 221-46.

l'industrie. Néanmoins, l'État ne possédait pas les ressources suffisantes pour financer ce projet. Il a dû emprunter auprès d'institutions financières étrangères, malgré les politiques de protectionnisme en vigueur dans le pays, car l'apport en investissement n'était pas assimilé par une « *ingérence* ». À cette époque, baptisée de *miracle économique* (1974), l'économie s'est considérablement développée. Ce phénomène de croissance a été perçu de manière *ufanista,* puisque le Brésil se développait économiquement dans un contexte mondial morose plombé par le premier choc pétrolier. Ainsi, le *miracle économique* fut assimilé à une conquête méritée par le Brésil, du fait qu'elle fût une *conquête brésilienne.*

Malgré cette croissance, le *miracle* a peu duré, le déclin et la stagnation économique ont vite ressurgi. Ce retournement de situation était inéluctable puisqu'aucune base n'était suffisamment solide pour soutenir l'économie nationale. Les investissements publics étaient financés par la dette externe. De plus, l'inflation était en constante hausse – terminant l'année 1974 à 26,9%[107] - le 1er PND a dû être réajusté. L'analyse de la situation et les réexamens portant sur divers secteurs de l'activité publique furent l'objet de la 2ème version du PND, qui projetait de faire participer les entreprises publiques à la réalisation projets essentiels dans les domaines de l'infrastructure et des biens basiques.

La 2ème version du PND, accoucha du gouvernement du Général Geisel (1974 à 1979), elle apparut à la fois comme une solution à la fin du *miracle économique* et comme un enseignement du premier choc pétrolier. Le gouvernement envisageait de transformer le Brésil en une grande puissance

---

[107] IBRE-FGV

émergente, d'où le projet «*Brésil Puissance*», où les entreprises publiques pouvaient transformer l'économie brésilienne en grande puissance industrielle. Le Brésil renouait avec le développementalisme basé sur l'industrie en prévoyant sur la création d'entreprises d'État dans les secteurs miniers et énergétiques[108]. Dès lors, le pays s'intéressa à l'énergie nucléaire, si bien qu'il planifia d'installer huit réacteurs nucléaires dans le pays, en s'inspirant du modèle de l'Allemagne de l'Ouest. Les projets nucléaires n'ont pas aboutis. En effet, aucun financement n'a été trouvé, puisque les investissements publics étaient réservés à Petrobras et aux usines hydroélectriques qui demeuraient les principaux objectifs du développement énergétique.

Une grande partie des financements de la 2ème version du PND provenaient d'un côté, de ressources, longtemps obtenues grâce aux pétrodollars – résultant d'importations alourdissant la dette extérieure, et de l'autre de lignes publiques de crédits issus de la BNDE[109] et des fonds de pension, dans le cas de PIS/PASEP[110], à l'instar du crédit subventionné par des capitaux privés[111]. Les pétrodollars résultent de la hausse des excédents pétroliers des pays de l'OPEP découlant de l'augmentation du prix du baril du pétrole. L'État brésilien a sollicité l'aide du système financier international. Des emprunts à des taux fluctuant ont été contractés pour solder la dette extérieure. La souscription d'emprunts à taux fluctuant n'était pas une pratique courante dans le contexte économique de l'époque. De plus, la conjoncture internationale

---

[108] Veloso, Villela et Giambiagi. 2008: 230
[109] Mantega, Guido. 1997. «O Governo Geisel, O Ii Pnd E Os Economistas.» *Relatório de pesquisa*, 1-62.
[110] PIS/PASEP
[111] Cruz, Paulo Davidoff. 1992. *Endividamento Externo E Tranferência De Recursos Reais Ao Exterior: Os Setores Público E Provado Nos Anos Oitenta*. Campinas: Unicamp.

de liquidités contribua à l'accroissement de la dette[112]. La BNDE(S) s'est engagée à financer les entreprises du secteur pétrolier et les nouvelles activités d'exploitation et de construction de raffinerie. L'investissement de la BNDE(S) permet l'augmentation de la production à l'échelle mondiale en autorisant l'*emprunt « ponte »*[113] destiné à couvrir les déficits qui sont l'objet de la convention avec Petrobras. L'objectif de cette convention prévoit de contrôler le financement et de recomposer la capitalisation des entreprises d'État[114].

Cette époque est plus connue sous le nom de «*processus d'étatisation de la dette externe»*[115], période au cours de laquelle la participation publique en faveur des entreprises d'État a permis de maintenir une activité développementaliste au Brésil. Il convient de préciser que les militaires se sont basés sur un critère erroné pour décider du financement des entreprises publiques. En effet, en tant qu'administrateurs des entreprises nationales, ces derniers se basaient uniquement sur des critères macroéconomiques, sans entrevoir aucune dimension entrepreneuriale dans leur raisonnement. Leur logique prévoyait de contourner le second choc pétrolier en limitant les importations. Notons qu'à cette période, la dépendance du pétrole importé au Brésil était considérable, elle atteignait 80%. En outre, les taux prohibitifs d'importation ont conduit à une tentative forcée de réduire la dépendance de pétrole provenant du Moyen Orient en investissant dans la recherche, dans la technologie, et dans la prospection mais aussi en proposant des alternatives

---

[112] Rego, José Maria, et Rosa Maria Marques. 2000. *Economia Brasileira*. São Paulo: Saraiva.
[113] Emprunt-"ponte": utilisé comme une alternative temporaire.
[114] Costa, Aluizio Pestana da. 1995. «Petroquímica Brasileira: A História Do Seu Desenvolvimento.» *Revista Brasileira de Engenharia Química*, nov., 3-8.
[115] Campos, 2005: 231-232

énergétiques à l'énergie fossile [116]. Ainsi, à la fin de cette période, l'ensemble des mesures de la 2ème version du PND réussit à ranimer la branche industrielle brésilienne. Néanmoins, l'augmentation croissante de la dette extérieure conjuguée au deuxième choc pétrolier (1978) déboucha sur la déclaration du moratoire de 1982[117]. C'est pourquoi, la 2ème version du PND est considérée comme le principal projet économique basé sur le développementalisme et sur les entreprises d'État.

Les crises affrontées par les entreprises publiques au cours des années 1980 – d'une part, les crises économiques intérieures et de l'autre, les chocs pétroliers– s'expliquent par la nature des financements versés aux entreprises publiques ainsi qu'aux mauvaises conditions de distributions intérieures de ressources, véritable reflet de la politique de prix en vigueur lors de la deuxième moitié de la décennie 1970[118]. Les évènements, concernant la dette extérieure, sont un indicateur du contexte économique international et des phénomènes qui l'ont affectés. L'économie internationale traversait une phase prospère de liquidités abondantes, encourageant le Brésil à s'endetter encore plus jusqu'au premier choc pétrolier (1973). Par opposition au premier choc, le second choc pétrolier a été marqué par l'envol des taux d'intérêts internationaux, générant une pénurie de capitaux étrangers qui engendra au début des années 1980, la crise de la dette extérieure dans des pays en voie de développement comme le Brésil. Des propositions de programmes de développement étaient à l'étude et aboutirent à l'adoption de la troisième version du PND, lors du dernier

---

[116] Davidoff Cruz. 1992: 6
[117] Bresser-Pereira, Luiz Carlos. 1983. «Moratória Parcial No Final De 1982.» *Folha de São Paulo*.
[118] Contreras, Carmen Alveal. 1994. *Os Desbravadores: A Petrobras E a Construção Do Brasil Industrial*. Rio de Janeiro: Relume Dumará.

83

gouvernement militaire de João Baptista Figueiredo (1979-1985). Ce dernier volet du PND envisageait d'augmenter les revenus des travailleurs et le chômage. Il préconisait également l'équilibre de la balance des paiements, le contrôle de la dette extérieure, la lutte contre l'inflation et le développement de nouvelles sources d'énergie. Seule une mesure de cet ambitieux programme aboutit : à savoir, la substitution progressive de l'énergie importée par la production d'énergie nationale. Cette période a été marquée par une grave crise économique, qui a été accentué par des problèmes fondamentaux comme la dette extérieure, l'inflation et le chômage.

Au cours des années 1980, la BNDE(S) a mis en place des mesures de planification stratégique, visant à transformer les entreprises d'État en entreprises compétitives, pour asseoir la position du Brésil sur la scène économique mondiale. Ce programme a confirmé les besoins de restructuration des politiques économiques de l'État, en plaçant les entreprises publiques au cœur du développement national[119].

L'enseignement de ces crises entraîna un interventionnisme accru de l'administration des entreprises, grâce à la mise en place de politiques publiques stabilisatrices, en plus de l'apport de nouvelles ressources destinées à couvrir les difficultés financières des entreprises d'État. Le Brésil a utilisé ces ressources pour substituer les importations de pétrole par le développement des activités d'exploitation et de production intérieures. De plus, le Brésil a assisté à la promotion de l'alcool (éthanol) présenté comme une alternative à la consommation de l'énergie fossile. Suite aux investissements consacrés à

---

[119] Costa,1995:5

l'activité très coûteuse de l'exploitation du pétrole[120], Petrobras s'est vu contrainte d'augmenter ses niveaux de production. En outre, l'acquisition d'équipements et la souscription d'une assistance technologique étrangère ont alourdi la facture du groupe pétrolier. S'agissant de son image sur la scène internationale, Braspetro a largement contribué au succès de l'image que Petrobras commençait à se forger dans les activités de la production et de l'exploitation[121].

Enfin, le troisième volet des politiques développementalistes du secteur énergétique prend forme sous l'instauration de la Nouvelle République. Le gouvernement Sarney (1985 à 1989) qui aspirait à la recherche d'un équilibre économique, proposa le Plan Cruzado (1986). Des mesures monétaires et des interventionnistes prévoyant une austérité fiscale ont également été soumises par le gouvernement. Sarney a voulu maîtriser l'expansion de la dette extérieure, en remplaçant la monnaie courante (le Cruzeiro) par une nouvelle monnaie (le Cruzado), en imposant le gel des prix des marchandises et le réajustement automatique des salaires[122]. Mais il échoua, et le gouvernement déclara un nouveau moratoire à ses créanciers étrangers.

Les investissements globaux versés à Petrobras se sont limités à la politique tarifaire de produits dérivés du pétrole et aux politiques récessives économiques qui cherchaient à rembourser la dette extérieure. L'objectif de diminution des importations[123] et d'augmentation des exportations, consistait à

---

[120] Araújo, João Lizardo, et André Ghirardi. 1986. «Substituição De Derivados Do Petróleo No Brasil: Questões Urgentes.» *Pesquisa e Planejamento*, dez., 745-71.

[121] Braspetro commeça à établir des partenariats internationaux

[122] Contrôle inflationniste prévoyant le réajustement des salaires à chaque fois que l'inflation atteignait 20%.

[123] Petrobras a subi un double préjudice à cette époque: tout d'abord, la sous tarification des produits dérivés du pétrole puis les difficultés rencontrées pour importer du pétrole brut.

réduire le déficit public, pour mieux maîtriser l'inflation, qui atteignit 1.782,89%
[124] à la fin de présidence de Sarney. Les réserves nationales augmentaient
continuellement suite à la découverte du Bassin de Campos[125] qui permit
l'augmentation de la production de pétrole de 50% au cours de la décennie 1980,
atteignant 616.000 barils par jour en 1989 (3,3 fois supérieur à la production de
1980)[126]. Ces réserves étaient le fruit des investissements directs de Petrobras.

Au cours des années 1990 l'État brésilien aspirait toujours à maintenir une
certaine stabilité économique. Dès le début de la présidence de Collor (1990 à
1992), le projet économique projetait un réexamen du monopole de l'Union
exercé par Petrobras (remettant ainsi en cause la Constitution de 1988). Le
débat entre les *nationalistes* et les *entreguistas* reprenait de plus belle avec
l'adoption de la nouvelle Constitution. L'Assemblée Constituante de 1988, a
renoué avec la relation du monopole de Petrobras, grâce aux contrats à risque.
Des réformes institutionnelles de l'entreprise publique devaient être mises en
place[127]. Le débat a tourné en faveur des nationalistes, mais à l'occasion du
mandat de Collor, une nouvelle examination de cette décision remit en cause la
nécessité d'investir au profit des entreprises d'État. La restructuration graduelle
des entreprises d'État fut proposée à travers la mise en œuvre d'un processus
de privatisations de certaines entreprises et de mesures d'assouplissement du
monopole d'autres entreprises nationales. Petrobras n'a pas bénéficié de
l'intervention de la BNDE(S), qui estima le moment mal choisi pour intervenir, ce

---

[124] IBRE-FGV.
[125] Les fameux bassins géants de la région du Bassin de Campos, dénommés Albacora, Marlim et Barracurda.
[126] Campos, 2005:236
[127] Canelas, André L. S., et Carmen Alveal. 2004. Investimentos Em E&P De PetrÓleo No Brasil Após a Abertura: Impactos Econômicos. Paper read at Anais do X Congresso Brasileiro de Energia, at Rio de Janeiro.

qui n'a pas empêché le projet d'être repris plus tard par les nouvelles réformes économiques.

Le Plan Real, ou Programme de stabilisation Monétaire (1994), fut un programme économique soumis à l'occasion du Gouvernement d'Itamar Franco (1992-1994), et repris par le Président Cardoso (1995-2002). Le Plan Real a été proposé par Fernando Henrique Cardoso, en qualité de Ministre des Finances, il s'agissait d'un processus de redéfinition du rôle de l'État dans l'économie qui prévoyait le changement de monnaie comme mesure de contrôle inflationniste. Ce programme envisageait aussi des mesures rigoureuses portant sur le contrôle des finances. A cette période, l'inflation brésilienne atteint des taux record. Le Brésil traverse une période de transition marquée par une inflation atteignant 2.708,17%, en 1993 et 1.093,89% en 1994. Les effets du Plan Real n'ont été perceptibles que l'année succédant sa mise en place lorsque l'inflation chutait pour atteindre un taux plus raisonnable de 14,78%[128]. Le Plan Real démontra de quelle manière l'État brésilien su s'adapter pour favoriser la croissance, traduisant au passage toute l'importance de l'interventionnisme de l'état dans l'économie nationale.

L'inflation maîtrisée était le signe du succès du Plan Real qui participa également à la croissance de l'économie brésilienne, phénomène qui ne s'était plus produit depuis le *miracle économique*. Voilà pourquoi les idées sur l'assouplissement du monopole et les privatisations ont vigoureusement ressurgi pour favoriser la croissance économique. Dans la branche énergétique, des mesures de récupération tarifaires, et plus particulièrement, l'établissement de

---

[128] IBRE-FGV.

règles qui autorisaient la participation de fonds privés dans ce secteur ont été adoptées. La Loi du Pétrole (9.478/97) votée et promulguée en 1997 se projetait sur la transformation de l'entreprise publique tout en prolongeant la croissance économique incarnant ainsi la continuité du projet développementaliste dans l'économie brésilienne.

L'évolution de l'interventionnisme de l'État brésilien dans l'économie était la preuve que le projet développementaliste affectait plusieurs secteurs industriels en raison de la nature des activités de Petrobras. La question énergétique fut un élément de réflexion permanent des projets développementalistes puisqu'il s'agissait du moteur de l'industrie et du développement de la société.

La question énergétique établit un lien très fort entre Petrobras et l'État, même si cette question ne se limite pas à cette connexion, puisqu'elle implique d'autres entreprises de la branche pétrolière. L'énergie issue du pétrole a un impact essentiel sur la société, car étant à l'origine de la production de carburants pour les véhicules, du transport des biens de consommation, et de la production de bitume pour le goudronnage des rues et des routes. Cette activité génère le développement de nouvelles industries bénéfiques à la société et qui semblent ne pas avoir de relations apparentes avec Petrobras. Le pétrole produit à cette période au Brésil est qualifié de « lourd », il est de la même nature que celui destiné à la production de bitume

Nous pouvons observer qu'au cours d'une période de 50 ans, l'État brésilien a mis en œuvre un programme de développement économique totalement dépendant de la participation de l'activité industrielle. Petrobras apparaît comme une entreprise fournisseuse d'énergie pour les autres

88

entreprises, mais aussi pour la société civile. Les projets de développement de Petrobras apparaissent logiquement comme des projets de développement économiques nationaux.

3.2 Les investissements post-Loi du Pétrole (en 1997) et leurs répercussions économiques.

Le principal argument avancé pour l'établissement d'une révision de la législation de l'industrie nationale pétrolière pointa l'absence de capitaux investis dans l'exploitation pétrolifère au Brésil. L'idée centrale prévoyait d'instaurer une concurrence entre Petrobras et de nouvelles compagnies pétrolières[129] . Petrobras ne porterait, en conséquence, plus la responsabilité d'être l'unique producteur du marché intérieur, garantissant ainsi l'approvisionnement de pétrole pour l'industrie nationale.

En plus des conditions économiques, qui ont conduit à l'adoption de la Loi du Pétrole, deux autres évènements furent déterminant pour la reprise du projet: d'une part, la politique menée par le Venezuela qui permit l'association de l'entreprise d'État vénézuélienne PDVSA avec d'autres compagnies pour l'exploitation de bassins sédimentaires ; et de l'autre, la privatisation de l'entreprises publique argentine YPF à l'aube des années 1990[130]. Ces deux firmes étaient des références du milieu pétrolier et de l'implication nationale dans ce secteur au niveau sud-américain. L'apport de capital étranger dans ces

---

[129] Figure dans l'art. 1° de la loi 9.478
[130] YPF: *Yacimientos Petrolíferos Fiscales*, était une compagnie pétrolière nationale argentine créée en 1922 et vendue en 1999 à la firme espagnole Repsol.

marchés présentait une menace pour Petrobras et le marché brésilien, car l'entreprise d'État était perçue comme un moteur qui pouvait dynamiser la croissance. La fusion regroupant d'un coté, les investissements externes et, de l'autre, les investissements publics était censée accroître les bénéfices de Petrobras. L'État observait de loin ces évolutions, s'astreignant la relance de la croissance et à la renégociation des intérêts de la dette extérieure. La décision de proposer une nouvelle législation pétrolière prévoyait de stimuler la croissance, bénéfique à Petrobras et au nationalisme, tout en appréciant les investissements étrangers.

Pour les nationalistes, la loi 9.478/97 couplée à l'amendement constitutionnel enfantée par cette loi, sonna comme un aveu de faiblesse sur la question pétrolière, élément stratégique de l'économie[131]. Cette raison poussa les nationalistes à penser que l'apport de capitaux étrangers menaçait la nationalisation de l'entreprise. Cette conjecture est complètement fausse, car la propre Loi du Pétrole énonce le prolongement de l'Autorité de l'État Brésilien sur l'entreprise publique[132].

Les polémiques relatives à la Loi du Pétrole se multiplient : elles portent aussi bien sur la possibilité d'une privatisation, que sur la perte du contrôle du sous-sol brésilien mais surtout sur la perte de dividendes découlant de l'exploitation, ébranlant ainsi la notion économique développementaliste. Contrairement aux rumeurs qui vont bon train, la Loi du Pétrole est l'opportunité de recevoir de nouveaux fonds, qui n'étaient versés jusqu'à présents que par le gouvernement. En outre, l'État garde sa mainmise sur la firme, il reste

---

[131] Pires, Paulo Valois. 2000. *A Evolução Do Monopólio Estatal Do Petróleo*. Rio de Janeiro: Lumén Juris, p. 126
[132] Art.° 1 de la Loi 9.478/97

propriétaire et continue d' « encaisser » les dividendes. La loi du Pétrole a prévu la création de l'ANP comme agence régulatrice de l'exploitation sur le territoire brésilien, responsable de l'organisation des enchères d'exploitation, intégrant Petrobras dans le processus associatif intégrant de nouvelles compagnies. La Loi du Pétrole a ainsi dynamisé la croissance de l'économie brésilienne à deux égards : d'une part grâce aux enchères des secteurs d'activités de Petrobras ; et de l'autre par à la collecte des dividendes[133].

Toute la construction de l'économie développementaliste brésilienne reposait sur la lutte contre la dette extérieure. Le graphique 2 permet d'analyser l'évolution de la dette extérieure brésilienne de 1970 à 2010, période au cours de laquelle la dette extérieure nette est représentée par les données de la dette extérieure brute moins les réserves[134]. On observe ainsi un premier pic à la fin des années 1970 et au début des années 1980, qui correspond à une période affectée par la fin du miracle économique et suivie de près par le deuxième choc pétrolier, au cours duquel le gouvernement s'endetta auprès de banques étrangères pour assurer les projets de développement industriel. Cette période critique de dette bouleversa la société à travers une hausse du coût de la vie et de l'inflation. Puis, le second pic, plus faible que le premier, intervint à la fin des années 1990 et au début des années 2000. La crise du taux de change, résultant des mesures économiques et monétaires du Plan Real survint en 1999. Dès lors, le gouvernement s'engagea à régler le paiement de la dette extérieure en bâtissant un programme économique efficace et ambitieux qui aboutit à la chute

[133] Aujourd'hui, le Brésil participe à hauteur de 32% des actions préférentielles de Petrobras.
[134] Le terme *Réserves* fait référence aux réserves internationales, soit aux devises étrangères détenues par la Banque Centrale.

brutale de la dette, fruit de la croissance industrielle et des réformes des politiques économiques brésiliennes.

Graphique 2 : Dette extérieure équivalente au pourcentage du PIB

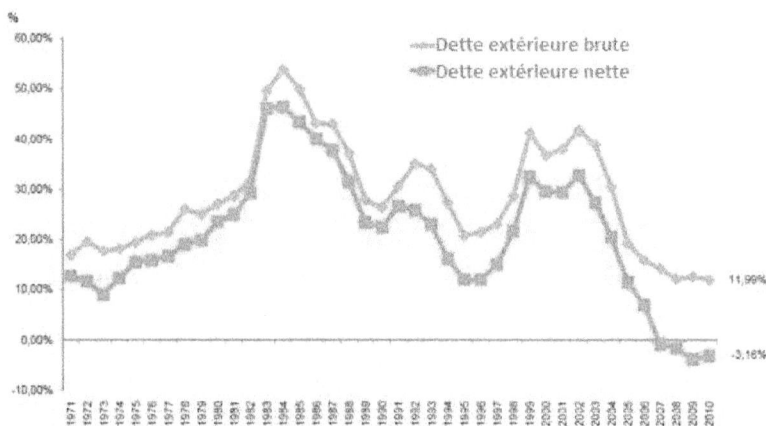

Source: Ministério da Fazenda

Même si la Loi du Pétrole ne fait pas de distinction sur l'origine des compagnies participant aux enchères de l'ANP, le gouvernement brésilien privilégiait clairement les entreprises brésiliennes, aspirant à prolonger le processus de croissance économique. Ainsi, OGX est née en 2007. Il s'agit d'une entreprise pétrolière brésilienne privée et membre du groupe EBX. OGX a recruté des anciens cadres supérieurs de Petrobras[135]. Le propriétaire d'EBX est le fils de l'ex Ministre des Mines et de l'Énergie, du gouvernement João Goulart,

---

[135] L'ex-président de Petrobras Francisco Gros et le géologue Paulo Mendonça.

Eliezer Batista. OGX participa à plusieurs enchères de l'ANP, glanant 21 lots dans les Bassins de Campos et Santos, renflouant les caisses de Petrobras à hauteur de 1,471 milliards de dollars, sans compter les profits générés par la production de barils[136]. OGX est devenu le principal investisseur des champs de pré-sel, garantissant de ce fait au gouvernement brésilien le maintien de la main d'œuvre et de la technologie locales pour la construction des plateformes[137].

A cette période, l'autosuffisance, combinée au projet de pérennisation de l'éthanol, fut instrumentalisée pour accroître la part d'investissements dans le secteur énergétique et attirer de nouveaux fonds destinés à parfaire la connaissance des eaux ultra profondes et à prolonger les recherches. Ainsi, en 2007, de nouvelles sources de pétrole situées dans la couche pré-sel[138] furent découvertes le long du littoral brésilien. La concession de l'exploitation revint à OGX. Eike Batista, signa des accords avec Petrobras pour disposer de la technologie[139] employée dans le processus d'exploitation de pré-sel sur le territoire, afin de renforcer l'économie nationale à travers des cycles de production internes. En résumé, grâce à la participation de nouvelles firmes aux activités d'exploitation pétrolière, exercée jusque là par Petrobras, la recherche, et surtout l'économie, poursuivaient leur processus de nationalisme économique prévu par le *développementalisme*. En définitive, le dessein développementaliste continue d'exercer une influence sur l'économie énergétique brésilienne, car

---

[136] Cano, Wilson. 2010. «Uma Agenda Nacional Para O Desenvolvimento.» *Revista Tempo do Mundo*, ago, 7-39.
[137] Matoso, Rafael Silva. 2009. *Leilões De Blocos Exploratórios De Petróleo E Gás No Brasil: Estudo Do Papel Da Petrobras*. Mémoire de Maîtrise en Science Économique.
[138] Bandeira, Luiz Alberto Monis. 2008. «O Brasil Como Potência Regional E a Importância Estratégica Da América Do Sul Na Política Exterior.» *Revista Temas & Matizes*, 9-22.
[139] Entretien avec Eike Batista au programme de TV Manhattan Connection de la chaîne Globo News, 13 mars 2011 http://globonews.globo.com/videos/v/manhattan-connection-entrevista-eike-batista/1459236/ visionné en mars 2011.

même s'il met fin au monopole énergétique, il développe de nouvelles branches productives et bénéficie de capitaux privés nationaux injectés dans le projet économique.

La politique développementaliste brésilienne peut être analysée en comparant les données relatives à la dette extérieure, du graphique 2, aux données de la balance commerciale brésilienne du graphique 3. La balance commerciale met en évidence la croissance économique. La croissance de l'économie nationale indique l'éventualité d'un scénario favorable au développement des entreprises publiques. Le graphique 3 se réfère au commerce total brésilien, il permet d'évaluer, en comparaison au graphique 2, l'évolution de l'économie brésilienne car le solde de cette balance reflète l'activité économique de la nation. Petrobras a été fondée dans le but de transformer l'économie brésilienne en une puissance industrielle. Il est ainsi possible d'observer l'évolution de cette transformation.

Graphique 3: Historique de la Balance Commerciale Brésilienne – 1950-2009

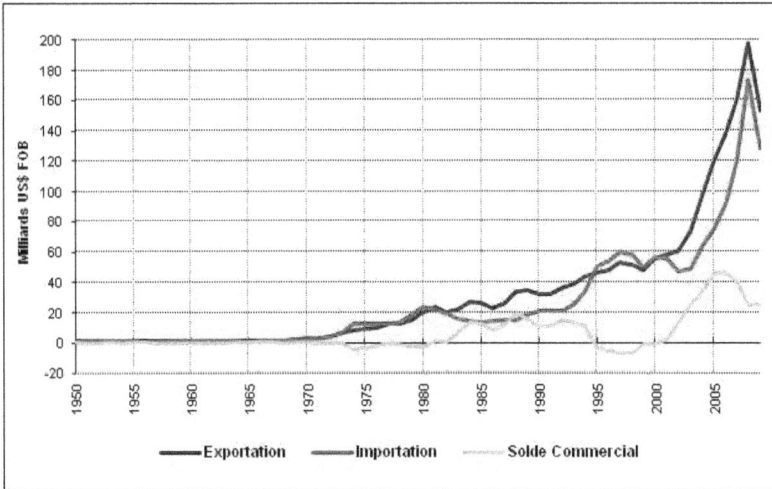

Source : Ministério de Minas e Energia

Ce graphique reflète parfaitement le miracle économique. Il traduit une croissance constante des importations et des exportations à partir des années 1975, Les exportations s'envolent dès les années 1995, symbolisant l'ère des réformes économiques découlant du Plan Real. Au niveau énergétique, l'importance de ces données est directement liée à la transition du modèle agro-exportateur au modèle industriel, des années 1950, qui ne s'est répercuté dans l'économie que près de 20 ans plus tard ; lorsqu'on nota, sous le gouvernement militaire, une volonté atténuée de l'État de développer l'infrastructure et les industries de base. Même si Petrobras existait déjà, bien avant 1975, les politiques et programmes économiques des différents gouvernements militaires ont transformé le processus de développement économique. Le projet développementaliste fut l'objet d'un intérêt tout particulier de la classe politique.

L'interventionnisme étatique fut un élément majeur du développement et à la croissance du secteur économique industriel. Ce processus économique aggrava la situation de la dette puisqu'une partie de ce programme a été financé par des fonds publics, eux-mêmes financés par des capitaux étrangers. Pourtant, un nouveau changement déterminant intervint après les années 1995, la dette extérieure relativement faible à l'époque augmenta considérablement (cf. graphique 2). Il est possible que ce phénomène ait renforcé les relations commerciales, et ainsi permit la croissance économique du Brésil.

Il paraît indispensable d'analyser la balance commerciale de la production pétrolière (cf. graphique 4) pour poser un cadre précis de ce milieu. Ce graphique reprend les données relatives à Petrobras depuis son institution jusqu'à aujourd'hui. Il retrace l'évolution suivie par la production pétrolière et l'importance du milieu pétrolier que Petrobras a totalement transformé. Même si le Brésil devient en 2006 un État autosuffisant, l'activité brésilienne repose sur la production et le raffinage,. On observe, y compris de nos jours, toute l'importance que revêt l'importation de l'or noir pour la firme, même si un équilibre entre importations et exportations est atteint Il est intéressant d'analyser le graphique 4 en le comparant au graphique 3, plus particulièrement dans les années 1970, marquées par le début de la hausse des importations pétrolières dans la balance commerciale et par l'augmentation de la consommation de cette ressource.

Graphique 4: Importation, Exportation, Production et Consommation apparente de pétrole (en 10^3 m^3)

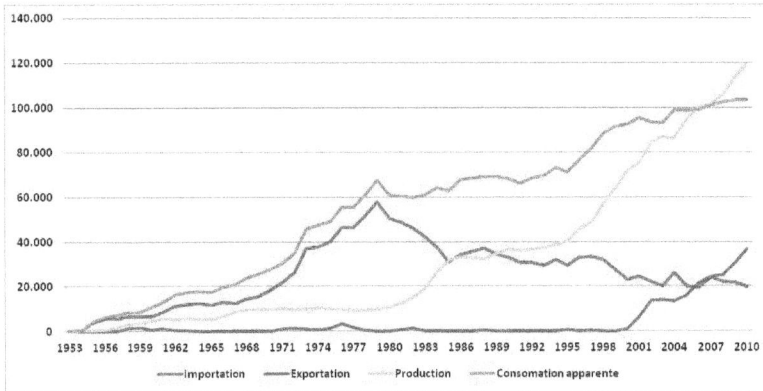

Source: Ministério de Minas e Energia/ANP: données de 1971 à 2010
Source: IBGE: données de 1953 à 1970

Ce graphique présente l'évolution des cycles pétroliers au Brésil. On constate que la demande de l'énergie fossile n'a de cesse d'augmenter. Effectivement, la transformation du modèle économique contribua largement au développement industriel. La consommation de pétrole est un indicateur de la consommation industrielle et populaire, en général. On note également que l'extraction de pétrole, a eu sa première déclivité à l'aube des années 1980, période à laquelle la Bassin de Campos commença à produire du pétrole commercialisable. En définitive, les importations subissaient une légère inclinaison positive jusqu'à la fin des années 1960, altérée par la politique «*Brésil Puissance*» des gouvernements militaires lorsque l'industrialisation du pays reposait sur l'industrialisation de la branché énergétique. C'est à l'occasion du deuxième choc pétrolier que le Brésil importa les plus grandes quantités de pétrole, décision surprenante, puisque les taux d'intérêts prohibitifs accentuaient un peu plus la dette extérieure nationale. L'État brésilien exporta des équipements militaires en échange du pétrole provenant du Moyen-Orient. Le taux d'importation connaît un léger déclin jusqu'à la moitié des années 2000, avant d'être supplanté par les exportations. Les exportations de pétrole brésilien n'ont jamais été significatives, car la demande nationale, en constante augmentation, empêchait d'en exporter de grandes quantités. La croissance des exportations est concomitante au déclin des importations et correspond à la déclaration d'autosuffisance de 2006. Le Brésil importait autant de pétrole brut « *léger* » que d'essence, et exportait, en plus du diesel, du pétrole brut « *lourd* ». Ce phénomène s'explique de manière générale par le fait que le Brésil a construit des raffineries avant d'avoir découvert les premières sources de pétrole. Des raffineries permettant le raffinage de pétrole « *léger* » ont été construites (utilisés pour la production d'essence) considérant que le pétrole « *léger* » était prédominant dans la région. Lorsque les puits brésiliens commencèrent à produire du pétrole destiné au commerce, il a été constaté que le pétrole découvert était du pétrole « *lourd* » (utilisé pour la production de diesel et de bitume, très peu pour la production d'essence). Considérant ce qui précède, les importations de pétrole au Brésil étaient indispensables pour l'activité des raffineries. Les exportations devenaient une alternative au pétrole brut excédent – pour le pétrole qui n'était pas utilisé au niveau national pour la production de diesel ou de bitume utilisé pour le goudronnage des routes[140].

La Loi du Pétrole apparaît comme un tournant pour les exportations et les importations de pétrole, puisqu'elle permit l'augmentation de la production intérieure, générant une certaine «*indépendance*» industrielle, qui intervient en même temps que la reconnaissance internationale de la production nationale sur

---

[140] Plus d'informations sur les types de pétrole au Brésil, dans le chapitre 4.

les marchés étrangers. En 2007, du pétrole a été découvert dans la couche pré-sel. Si cette découverte était intégrée à ce graphique, il est probable que la production nationale augmenterait, une prévision que Petrobras et l'État brésilien estiment plausible[141]. Le diagnostic prématuré de résultats est une caractéristique typiquement *ufanista*, puisque les résultats futures sont anticipés avant même de disposer de la technologie nécessaire à l'extraction de pétrole dans ce milieu[142].

L'équilibre entre les importations, d'une part, et, les exportations, de l'autre, résulte de la promulgation de la Loi du Pétrole. Cet équilibre est atteint lorsque le Brésil déclare son autosuffisance pétrolière, maintenant le « status » grâce à la découverte de sources de pré-sel, en 2007. La Loi du Pétrole concerne directement les importations et les exportations puisque le Brésil augmenta dès son entrée en vigueur sa capacité de production et sa part d'investissements publics dans le secteur. L'analyse du graphique 5, où figurent les investissements publics alloués à Petrobras, met en évidence deux éléments : la capacité organisationnelle de l'État brésilien en faveur de l'évolution du secteur ; mais surtout le rôle de l'État qui a accru ses investissements après l'entrée en vigueur de la Loi du Pétrole.

[141] Lima, Haroldo. 2008. *Petróleo No Brasil: A Situação, O Modelo E a Política Atual*. Rio de Janeiro: Sinergia.
[142] *Cadernos De Estudos Estratégicos De Logística E Mobilização Nacionais*. 2007. Rio de Janeiro: ESG.

Graphique 5: Investissements versés à Petrobras (en millions de $US)

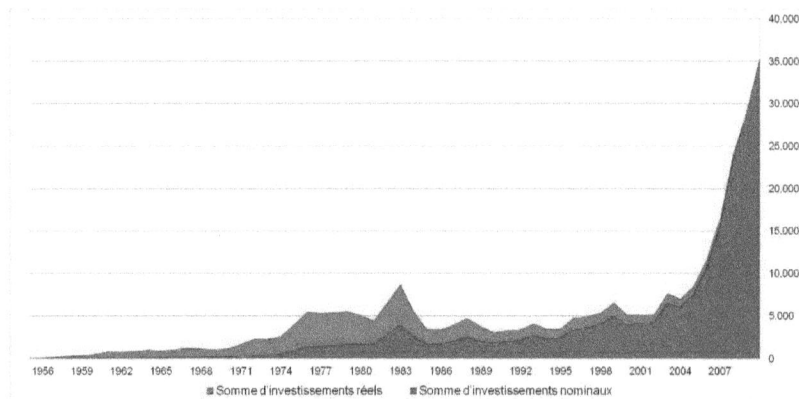

Source : Ministério de Minas e Energia/ Petrobras

La première analyse se base sur la capacité organisationnelle économique de l'État brésilien à s'investir en faveur du secteur pétrolier. Alors que la somme d'investissements nominaux (en bleu) représente les investissements planifiés, la couleur rouge représente les investissements effectifs. On perçoit que les investissements récents de la branche pétrolière sont plus fidèles à la réalité. L'État a mis en place des mesures économiques conformes au projet approuvé. Il a compris comment administrer ce secteur en tant qu'entrepreneur. La principale période de divergences correspond aux chocs pétroliers et à la sortie de ces crises, puisque les taux d'intérêts prohibitifs appliqués aux importations ont bouleversé le programme qui avait été adopté.

Le deuxième élément, essentiel à la lecture de ces données, date la mise en œuvre du Plan Real, qui se poursuit après l'entrée en vigueur de la Loi du Pétrole. Ce graphique indique que l'État brésilien accroît ses investissements destinés à Petrobras à la fin du monopole. Ce bilan s'oppose à la thèse des *nationalistes*, en effet, Petrobras reste à la fois la propriété de l'État, et un centre d'investissements de l'économie brésilienne.

Il convient d'apporter quelques précisions concernant le graphique 5. Tout d'abord, les investissements sont désignés comme étant originaires de Petrobras, car les financements de l'État transitent par le directoire de la compagnie, en effet, l'origine des fonds provient de l'entreprise. Nous devons ainsi analyser les précédentes sources de ces investissements. Jusqu'en 1997, l'État demeure l'unique actionnaire de Petrobras, via des organes nationaux – comme la BNDE(S) et la Banco do Brasil. Petrobras est coté en bourse à partir de 1997, ses capitaux proviennent dès lors de l'État et des ses actionnaires. L'État brésilien possède aujourd'hui 32% des actions de Petrobras[143]. La planification budgétaire générale de l'Union pour les entreprises d'État prévoit de verser, au cours de l'exercice 2011, 85% des fonds publics à Petrobras, soit près de 91,3 milliards de R$[144]. En somme, l'État continue d'investir massivement en faveur de Petrobras.

La BNDES fut le grand soutien financier de Petrobras, qui permit à la firme de se structurer et de faire face à la concurrence. D'après l'État, la BNDE(S) offrit son savoir technique portant sur des analyses futures, que l'on retrouve à partir des années 1980 dans le graphique 5, grâce aux réformes organisationnelles des investissements, nominaux et effectifs, lorsque la planification fut assurée. Il convient de constater que l'État évalua précisément les besoins financiers du

[143] Teixeira, Alexandre. 2010. «A Petrobras E O Imponderável Político.» *Revista Época*. En ligne. http://colunas.epocanegocios.globo.com/financasdebolso/category/petrobras (page consultée le octobre 8).
[144] «Petrobras Tera R$ 91 Bi Para Investir Em 2011.». 2010. *Diário, Comércio, Indústria e Serviços (DCI)*. En ligne. http://www.dci.com.br/Petrobras-tera-R$-91-bi-para-investir-em-2011--6-340738.html (page consultée le septembre 2)

secteur pétrolier, en anticipant la planification budgétaire, traduit dans le graphique par la diminution du décalage entre l'investissement effectif et l'investissement nominal

Dès 1997, la volonté développementalisme industrielle est plus forte qu'à l'époque du monopole, effectivement, la Loi du Pétrole accélère le développement économique du Brésil. Les financements de l'activité pétrolière ont été revus à la hausse, suite à la croissance économique et à la position du gouvernement sur la question de la *libre concurrence* énoncée dans l'art. 1° de la loi 9.478/97. La *libre concurrence* fait état de la concurrence à laquelle Petrobras peut être soumise, suite à la présence de firmes étrangères sur le territoire brésilien. Les financements versés à Petrobras sont complétés par le soutien d'entreprises brésiliennes du secteur privé telles qu'OGX, participant à la volonté nationale de développer Petrobras et de garantir sa reconnaissance en l'érigeant au rang référence du milieu pétrolier.

3.3 Considérations finales

Les investissements versés à l'industrie pétrolière et à Petrobras ont aussi bien permis la croissance de l'économie brésilienne que le développement de la production de la multinationale. Les décisions concernant les planifications économiques assurent que l'économie brésilienne a été largement influencée par la conjoncture internationale pétrolière.

La Loi du Pétrole a procédé au «*partage des eaux*» au cours des deux périodes étudiées dans ce chapitre. Contrairement à une époque révolue caractérisée par le monopole de l'État, Petrobras n'était qu'une idée mûrissante errant dans une économie, en plein chantier. Ainsi, toute décision prise par le gouvernement sur la question du pétrole influe directement sur l'économie. L'accroissement de la dette extérieure en est l'illustre exemple. Même si, évidemment, la dette extérieure ne provient pas exclusivement des investissements pétroliers, elle a largement contribué à la faible capitalisation de certains secteurs de l'économie, car l'État misait tout sur le développement industriel et pétrolier.

Lors de la deuxième période, il apparaît que la Loi du Pétrole, tout à fait prévisible, était une alternative prévoyant d'accroître la capacité de production et d'exploitation. La Loi du Pétrole n'a pas mit fin aux relations entre l'État et Petrobras, bien au contraire, elle a vu les investissements de l'État croître après son entrée en vigueur. En outre, les résultats de la recherche sont plus satisfaisants. Il est ainsi possible d'affirmer que Petrobras n'aurait pas eu les ressources nécessaires pour augmenter sa production et investir dans le pré-sel sans l'apport de nouveaux investissements venus renflouer le capital de l'entreprise. Les investissements et la technologie n'auraient pas pu être financés sans l'approvisionnement de nouvelles sources de capitaux. La loi 9.478/97 a été indispensable à la croissance des niveaux de production de Petrobras, elle a suivi une voie toute tracée et prévisible, si l'on considère l'État brésilien comme un entrepreneur de la branche pétrolière, secteur toujours plus avide d'investissements.

Petrobras est désormais le troisième producteur d'énergie au monde. Ce classement est le fruit de projets de recherche et de découvertes réalisées par Petrobras grâce aux investissements post-Loi du Pétrole. Les projets précédant cette loi furent déterminants pour quantifier la part de production de Petrobras, spécialisée dans la prospection maritime. De la Loi du Pétrole naquit les projets politiques qui s'opposaient aux aspirations initiales de l'institution de la multinationale. Caractéristiques essentielles à la croissance de Petrobras, la recherche et le développement de la technologie, seront l'objet de l'étude du chapitre 4.

Chapitre 4: La recherche au sein de Petrobras comme levier de développement du Brésil

> " En agissant dans la formation de consciences collectives nationales ou non, les intellectuels se considèrent investis d'une 'mission', celle de transmettre un message messianique de savoir et de vérité[145]. "

La recherche et le développement de technologies au sein de Petrobras ont été essentiels au processus de croissance économique industrielle. L'évolution de la création d'une entreprise pétrolière qui sustente l'économie nationale est l'objet de cette étude, qui, après s'être penchée sur les questions politiques, législatives et financières, analyse dans ce chapitre les processus de développement de la recherche et de la technologie. Quelles ont été les principales phases de recherche et de développement qui ont transformé la capacité de production de la multinationale?

L'État brésilien a institué Petrobras pour deux raisons : la première prévoyait d'ériger le Brésil en une puissance pétrolière au niveau international puis la seconde projetait de poser les bases d'une économie industrielle nationale. Les investissements et les amendements législatifs de la branche pétrolière ont favorisé l'évolution de Petrobras dans un cadre légal. Grâce au soutien de l'État, la compagnie pétrolière a suivi un parcours à la fois singulier et admirable puisqu'elle a été fondée à une période où le Brésil ne disposait pas de pétrole tout en ayant la ferme « *intention* » d'en produire, à un statut de grand producteur, titulaire de brevets en eaux profondes et ultraprofondes. La firme

---

[145] Lúcia Lippi. *Os intelectuais e o poder*, Copie mimographiée. Rio de Janeiro, CPDOC/FGV, 1986 in: Lauro Cavalcanti. 2006. *Moderno e Brasileiro*. Rio de Janeiro: Zahar.

pétrolière est aujourd'hui la troisième entreprise énergétique mondiale. Elle s'est hissée à ce niveau grâce à l'interventionnisme de l'État et aux mesures protectionnistes qui ont permis de contourner un certain nombre d'écueils, mais surtout grâce aux découvertes de champs pétrolifères et aux avancées technologiques.

Les projets portant sur la recherche et le développement interviennent à deux périodes différentes, avant et après la Loi du Pétrole. Cette loi revêt une importance fondamentale puisqu'elle modifie la provenance des capitaux en partie destinés à la recherche. Avant la loi du Pétrole, le financement des activités provenait exclusivement de fonds publics. À cette époque, les grands projets prévoyaient d'entamer des prospections maritimes et de mettre en œuvre le programme *Proálcool*; tandis qu'après l'entrée en vigueur de la Loi du Pétrole, les principaux projets planifiaient la révision du programme d'utilisation de l'éthanol et de biocarburants et la proclamation d'autosuffisance grâce à la découverte de nouveaux puits et d'immenses sources de pétrole dans la couche pré-sel.

Ces découvertes ont été déterminantes pour l'évolution de la firme sur la scène internationale qui s'est transformée en poids lourd de la branche énergétique. Il apparaît ainsi que Petrobras a bénéficié de mesures politiques adoptées par l'État portant sur l'origine des capitaux destinés à renflouer les caisses de la compagnie. Résumé, le développement de la recherche dépendait clairement des tendances politiques et des amendements législatifs adoptés à la fin des années 90. Nous verrons par la suite que les mesures de l'État portant sur le développement technologique comportent des caractéristiques particulières que nous aborderons dans cette étude.

4.1 Investissement public

Entre 1953 et 1997, Petrobras était une entreprise nationale exclusivement financée par des fonds publics. Les recherches de pétrole se sont concentrées, jusqu'en 1968, sur le sous-sol terrestre, pauvre en ressources pétrolières au vu du montant des investissements consentis pour les multiples forages. La poursuite des prospections terrestres allait à l'encontre des études menées par le géologue Walter Link, recruté par la firme au début des années 1960. Ces travaux indiquaient que les ressources pétrolières brésiliennes se trouvaient en mer et non sur terre. La croyance *ufanista* brésilienne du « *trésor* » national n'a pas cru aux études de Link, bien qu'aucun gisement n'avait jusque-là était découvert. La période était idéale pour accueillir toutes découvertes de pétrole, car le Brésil était en pleine croissance économique et traversait une phase de développement national historique avec la construction de la nouvelle capitale Brasília. Plus tard dans les années 70, les deux chocs pétroliers ont conduit l'État à investir massivement dans un projet énergétique moins onéreux qui prévoyait de substituer le pétrole importé par l'utilisation de biocarburant. Effectivement, le programme Proálcool soutenu par l'État envisageait de satisfaire la demande énergétique, à une période où les importations de pétrole devenues trop coûteuses nuisaient à l'économie nationale.

La filiale internationale de Petrobras, Braspetro assurait la production internationale, intégrée par la suite aux comptes de résultats de Petrobras. Braspetro[146] est présente dans des régions comme l'Iraq, la Colombie et l'Afrique

---

[146] Braspetro est aujourd'hui établie dans 23 pays.

du Nord, soit dit en passant, dans des régions riches en pétrole. Elle investit pour équiper techniquement les chercheurs brésiliens et procède à un transfert de technologie découlant du savoir-faire des techniques d'exploitation et de production acquises à l'étranger[147]. Les résultats obtenus lors des cinq premières années d'activités de Braspetro dans les principaux gisements pétrolifères[148] à l'étranger ont permis à Petrobras de se doter des connaissances et des compétences techniques essentielles à la découverte[149] du Bassin de Campos en 1971[150].

Grâce à Braspetro, qui lui a ouvert des « portes » à international, Petrobras a pu signer des contrats avec des compagnies pétrolières étrangères. La principale vertu attribuée à Braspetro est d'avoir transféré à Petrobras les compétences acquises en matière de prospection maritime auprès de compagnies pétrolières étrangères et plus particulièrement auprès de la firme norvégienne *Statoil[151]*. Braspetro et *Statoil* se sont associés pour exploiter la région de la Mer du Nord. La filiale *Brasnor[152]* est née de cette fusion. L'entreprise nationale norvégienne s'intéressait à la technologie brésilienne de prospection en eaux profondes. *Brasnor* a été créée pour participer en collaboration avec *Statoil*, à la vente de technologie – équipements et services. Le transfert de technologie ne se résume pas uniquement à cette fusion Brésil norvégienne, en effet, *Brasoil* (Braspetro Oil Service) a été créée au Royaume-

[147] Bosco, Flavio. setembro de 2003. «Editorial.» *Revista Petro & Química* (252)..
[148] Les champs pétrolifères d'Iraq :Majnoon et Nahr-Umr , contenaient des réserves estimées en dizaine de milliards de barils de pétrole.
[149] Le premier puits de pétrole foré dans ce bassin date de 1971, et la découverte de pétrole remonte à 1974. Le début de la production commence dès 1977.
[150] Bosco: 2003
[151] Fiorotti 2005:236
[152] Brasnor ou Petrobras-Norge A/S

Uni. Ce consortium a participé à hauteur de 3% à 20% à la prospection de la plate-forme anglaise. En outre, *Petrobras America Inc*, participa aux États-Unis à des recherches terrestres et maritimes sur le territoire américain et dans le Golf du Mexique[153].

Deux alternatives ont été proposées par les chercheurs et par le gouvernement suite aux chocs pétroliers des années 1970 : la première prévoyait la signature de « contrats à risque » qui autorisaient la participation de compagnies étrangères sur le territoire national disposant de la technologie et des compétences jusque-là méconnues et convoitées par les chercheurs brésiliens en quête de champs pétrolifères. La deuxième solution proposée par ces mêmes chercheurs prévoyait l'utilisation de l'éthanol comme une alternative à l'utilisation de l'or noir.

Ces deux projets estimaient que les mesures de l'État brésilien concernant Petrobras seraient dictées par la législation pétrolière internationale. Ainsi, nous analyserons séparément chacun de ces évènements.

4.1.1 Le Rapport Link et la Prospection maritime.

La découverte de pétrole en eaux profondes et ultraprofondes a fait du Brésil un spécialiste de la prospection maritime si bien qu'il a développé bon nombre de techniques destinées à une telle exploitation. Ces techniques, se sont développé suite à une « *urgence* », et à un besoin absolu de découvrir des sources de pétrole conformément aux objectifs d'institution de l'entreprise pétrolière nationale. Toutefois, les premières recherches d'or noir au Brésil sont

---

[153] Contreras 1994:194

orientées sur terre alors que le Rapport Link (1960-1961) qualifiait d'improbable toute découverte sur terre et recommandait au contraire de concentrer les recherches en mer. Link a été discrédité par les brésiliens – indépendamment de son idéologie *nationaliste* ou *entreguista* – puisque la classe *ufanista* brésilienne refusait d'admettre que les sous-sols brésiliens n'étaient pas suffisamment fertiles et considérait que les recherches de pétrole en mer étaient trop onéreuses.

Le Rapport Link[154] soumis par le géologue nord-américain Walter Link entre 1960 et 1961 s'est décliné en quatre parties. Link avait été recruté par le Général Général Juracy Magalhães[155]. Son rapport a déclenché une vive polémique pour diverses raisons[156]. Et pour cause, la presse de gauche qualifiait l'auteur du rapport; Link, malgré son statut de haut fonctionnaire chez Petrobras; d'espion étasunien en raison de ses anciennes activités à la Standard Oil[157] motif suffisant l'accuser d'espionnage[158]. Le terme « *linkista* » a été fréquemment utilisé pour désigner tout individu partageant une vision *anti-ufanista* du développement des activités de Petrobras[159].

Le contenu de ce rapport remit en question l'ensemble des programmes développementalistes. Le Rapport Link soulignait l'impossibilité de produire du pétrole dans les bassins terrestres brésiliens et remettait en cause l'utilisation de l'argent public qui continuait de financer le forage de puits sans qu'aucun

---

[154] Dias, José Luciano de Mattos, et Maria Ana Quaglino. 1993. *A Questão Do Petróleo No Brasil: Uma História Da Petrobras*. Rio de Janeiro: FGV.
[155] Juracy Magalhães fut le premier président de Petrobras.
[156] Lucchesi. 1998 .
[157] Cariello, Rafael. 2003. «Relatótio Link: Geólogo Dos Eua Sugeriu Desistir Da Exploração No Paós.» *Folha de São Paulo*. En ligne. http://www1.folha.uol.com.br/folha/especial/2003/petrobras50anos/fj0310200309.shtml (page consultée le octobre 3).
[158] Passarinho, Jarbas. 1997. *Um Híbrido Fértil*. Porto Alegre: Expressão e Cultura.
[159] Magalhães, Juracy. 1996. *O Último Tenente*. Rio de Janeiro: Record.

gisement pétrolier n'ait été découvert, dès les premiers forages. Link basait ses conclusions sur la capacité de la technologie géophysique, qu'il employait et qui ne décelait aucun gisement de pétrole dans le sous-sol terrestre. Les progrès de la science pouvaient en revanche, contribuer à réorienter le cadre des recherches. Link venait de poser le problème. En effet, les fonds versés pour le forage de puits sur terre pouvaient être réinvestis pour développer des technologies destinées à la prospection maritime, puisque ses recherches signalaient la présence de gisements marins qu'une technologie de pointe pouvait confirmer et localiser avec plus de précision.

Le Rapport Link sanctionne plusieurs conclusions majeures. Tout d'abord, l'exploitation de bassins sédimentaires – tels que Marajó, Acre, Baixo Amazonas, Médio Amazonas, Paraná e Parnaíba – doit être réexaminée, voire écartée, du moins à ce stade évolutif géophysique, en raison de la faible probabilité de trouver du pétrole dans ces zones. Le rapport recommande d'orienter et de concentrer les recherches en mer, qui au contraire de la terre, regorge de ressources pétrolières et de gaz naturel. L'expertise prévoit également de renoncer aux investissements prospectifs à l'étranger, y compris dans les pays politiquement stables disposant d'importantes ressources pétrolières, afin de satisfaire la demande intérieure en évitant toutes importations de pétrole. Enfin, la dernière partie du rapport projette, dès que les études géophysiques le permettront, de mener des recherches dans le bassin de l'Alto Amazonas qui semblait renfermer la seule couche de roches génératrices de pétrole sur terre au Brésil.

Le rapport Link a été perçu comme un « faux rapport », susceptible de décourager le Brésil dans sa quête d'hydrocarbures. Certains considéraient que le rapport occultait les véritables résultats alors que d'autres estimaient que ce Rapport maudissait le Brésil, expliquant au passage l'absence de toutes découvertes de pétrole. Certains justifiaient la suspicion planant sur le Rapport Link par le fait qu'aucune recherche en mer n'avait été réalisée si bien qu'il était nécessaire de développer une technologie de pointe pour mener à bien des prospections en mer.

Ainsi, les recommandations géophysiques et politiques soumises par Walter Link critiquent les décisions de l'État qui envisage de poursuivre ses investissements dans les sous-sols terrestres. Même si le rapporteur avait été engagé pour présenter une expertise, ses prises de position sur les mesures politiques brésiliennes en matière d'énergie et sur la démarche de l'État étaient immédiatement déconsidérées et ignorées puisqu'elles étaient perçues comme un affront. L'État attendait seulement la confirmation technique et scientifique de l'existence de gisement pétrolier sur son territoire, découverte qui estampillerait les futurs cycles de production d'*ufanista*. Link observa tout le contraire et vexa l'*honneur* de la branche industrielle brésilienne. Ainsi, dès que Link présenta ses premières conclusions, son rapport fut logiquement rejeté par l'État qui poursuivit ses prospections sur terre.

La première raffinerie, REDUC[160] – Raffinerie de Duque de Caxias – a été inaugurée en 1961. En rejetant le rapport Link, l'État déconsidérait la qualité du pétrole produit dans chaque région et construisit en conséquence des raffineries capables de traiter du pétrole « *léger* », avant de réaliser quelques années tard que le pays regorgeait de pétrole brut.

---

[160] La première et plus complète des raffineries construites par Petrobras. Localisée dans l'état de Rio de Janeiro, elle a servi de modèle et a dispensé des formations pour les autres raffineries.

Entre 1961 et 1964, Petrobras a continué de forer des puits, « à l'aveugle », en vain, dans des régions non recommandées par le Rapport Link. La production intérieure a chuté à tel point que Petrobras a dû importer des hydrocarbures pour poursuivre ses activités de raffinage. Consciente de la médiocrité des résultats de la prospection sur terre, la Junte militaire qui fait face dès sa prise de pouvoir en 1964 à une crise monétaire et économique nationale décide de passer au crible toutes les études portant sur le pétrole brésilien. Les militaires réexaminent le Rapport qui avait été rejeté par les gouvernements antérieurs. Ce n'est qu'en 1968 que Petrobras réalisa sa première prospection dans un puits marin, le long de la côte de l'état de Sergipe, comme Link[161] le conseillait. Du pétrole a été découvert dès le deuxième forage de puits en mer. Il restait à développer la technologie nécessaire à l'exploitation en mer pour transformer Petrobras en une entreprise de prospection maritime, et à réorienter les investissements dans les recherches maritimes. Malgré cette découverte, les recherches de puits terrestres se sont poursuivies, y compris dans des zones que Link qualifiait d'improbables.

L'État a dès lors compris l'importance d'investir dans la recherche nationale, pour éviter toute reproduction du scénario Walter Link : un étranger qui fait état des faiblesses du pays. Il a fondé le CENPES[162], en 1968 à Rio de Janeiro qui est un centre de recherche et de développement chargé de satisfaire

---

[161] Passarinho. 1997.
[162] Centre de recherche et de développement (Centro de Pesquisas Leopoldo Américo Miguez de Mello).

les besoins technologiques de Petrobras. Outre le CENPES, l'État encourage les universités fédérales à mener des études sur le pétrole[163].

Finalement, la suspicion planant sur Walter Link prévaut sur la cohérence de son rapport qui signale la présence de gisements pétroliers en mer et non sur terre. Effectivement, le sentiment de suspicion à l'égard de l'Étasunien a été renforcé par le gouvernement militaire qui privilégiait la question de souveraineté nationale aux résultats technologiques. Il apparaît néanmoins au cours des années que l'ensemble des conclusions consignées dans le Rapport Link était juste. Les progrès de la géophysique ont permis en 1978, la découverte d'hydrocarbures dans la région de l'Alto-Amazonas, zone qui demeure jusqu'à aujourd'hui le seul bassin terrestre de production de pétrole et de gaz naturel au Brésil. Il représente 5% de la production brésilienne.

La prospection marine prend un virage déterminant en 1974, lorsque Petrobras découvre sa plus grande province pétrolifère : le Bassin de Campos situé le long des côtes des états de Rio de Janeiro et de l'Espírito Santo: Le Bassin de Campos produit plus de 80% de la production effective nationale de pétrole[164]. Le premier forage intervint en 1976[165] et l'exploitation commerciale commença dès 1977[166]. Cette découverte est une étape déterminante de la prospection de pétrole au Brésil. Les financements publics destinés à la recherche sont consacrés au Bassin de Campos et à l'activité maritime. Cependant, les recherches de puits terrestres se poursuivent jusqu'en 1985 au

---

[163] L'État commença à investir davantage dans les centres de recherche des universités publiques qui offraient des connaissances scientifiques essentielles au développement des activités pétrolières, principalement en matière de géologie, d'océanographie, et d'ingénierie.
[164] L'activité commerciale n'a toujours pas débuté malgré les découvertes de gisements de pré-sel
[165] Au début la profondeur était seulement de 100 mètres de lame d'eau.
[166] Près de 100 mille barils par jour.

Brésil. Ainsi, l'État continue d'investir des fonds publics à perte pour l'exploration de puits inexistants, puisque l'État considérait que de nouveaux puits terrestres pouvaient être découverts en plus de l'Alto Amazonas et que les explorations terrestres s'avéraient bien moins coûteuses que les opérations de prospections en mer. Malgré tout, entre 1984 et 1985, Petrobras s'est spécialisée dans la découverte de puits géants en eaux profondes. Les recherches sur terre ont immédiatement été abandonnées.

Entre 1985 et 1997, le Bassin de Campos était la principale source de pétrole nationale. Les investissements publics ont permis la construction de plates-formes de prospection maritime. Les deux chocs pétroliers de l'époque ont affecté l'économie brésilienne qui était à l'époque toujours dépendante des taux d'importation élevés d'hydrocarbures. Le gouvernement profita de cette conjoncture défavorable pour intensifier les démarches de prospection nationale et contrôler l'économie. L'envie de trouver du pétrole à tout prix et par tout moyen a conduit à la réalisation d'études brésiliennes sur la question. Le Rapport Link qui signalait l'existence de gisements de pétrole à des endroits précis du territoire brésilien a même été réexaminé.

Le Rapport Link est un chapitre de l'histoire de la quête du pétrole qui a clairement mis en exergue l'*ufanismo* du gouvernement brésilien. Les données présentées dans cette expertise ont été rejetées en masse par la science qui envisageait un scénario contraire selon lequel le Brésil disposait d'une abondance de ressources naturelles. Même s'il a dénoncé l'inexistence de pétrole sur terre Link a indirectement contribué à la recherche effrénée d'or noir, voire à la « *création de pétrole* » au Brésil. Ce rejet de toute ingérence « étrangère » — indépendamment du statut de haut fonctionnaire de Link au sein

115

de Petrobras – alimenta la controverse : investir davantage pour du pétrole inexistant, tout en sachant que cette polémique éclaterait inéluctablement.

4.1.2 Le programme Proálcool.

Conséquence de l'augmentation des prix du baril de pétrole décidée par l'OPEP (Organisation des Pays Exportateurs de Pétrole), le choc pétrolier qui sévit au cours des années 1970 ébranla sérieusement l'économie de certains pays, dont celle du Brésil, qui dépendaient des importations pétrolières pour satisfaire la demande intérieure. Le marché était complètement déstabilisé par la volatilité des prix et par les incertitudes qui planaient sur les garanties d'approvisionnement. Les bonnes relations diplomatiques du Brésil avec les pays de l'OPEP, plus précisément ceux du Moyen-Orient, ont permis de préserver son marché intérieur de toute pénurie.

Afin de prévenir et d'éviter tout autre écueil similaire, le gouvernement a adopté des mesures économiques visant à réduire la consommation de pétrole et de ses produits dérivés et à augmenter l'offre nationale d'hydrocarbures. Cependant, ces mesures n'ont pas été suffisamment efficaces puisque la consommation de pétrole restait identique. La technologie nationale proposa dans cette optique la mise en place d'un projet « futuriste ». Deux ans après le premier choc pétrolier, le programme Proálcool (ou Programme National de l'Alcool)[167] a été mis en place en 1975, dans l'espoir de remplacer la consommation de pétrole et ses dérivés par celle de l'éthanol. Le programme

---

[167] Proálcool: Programme National de l'Alcool, institué par le décret-loi 76.593, du 14 novembre 1975.

Proálcool prévoyait de produire de l'éthanol à partir de la biomasse[168] de la canne à sucre. La substitution de l'essence par l'éthanol – obtenu, entre autres, par un mélange de canne à sucre et de manioc – devait réduire la dépendance de pétrole importé. Le programme Proálcool mis en œuvre par le gouvernement a assuré la promotion et l'augmentation de la production d'éthanol. Il a en outre constitué une alternative économique intéressante qui rompait le cycle de dépendance des importations de pétrole devenues de plus en plus chères. En effet, le programme Proálcool projetait de remplacer l'énergie fossile – importée et raffinée en période de crise – par la production nationale d'éthanol plus rentable.

L'État recherchait un partenaire pour mettre en œuvre ce programme. En tant qu'entreprise publique du secteur énergétique, Petrobras, s'est tout naturellement imposé comme le partenaire idéal. Effectivement, la firme présentait le profil idoine puisqu'elle produisait déjà des carburants. En diversifiant son portefeuille d'activité, Petrobras, jusqu'ici spécialisée dans la production de pétrole est devenue une entreprise énergétique. Le CENPES – spécialisé dans la conception de technologies – faisait déjà partie du projet, il a apporté son expertise en matière de recherche et d'équipements. La construction d'usines pour la production de l'alcool s'est avérée bien moins coûteuse que l'édification de raffineries. À l'origine, ces usines ont été construites sur les mêmes sites que les raffineries.

Néanmoins, l'absence de négociations entre le gouvernement et les industries automobiles sur les questions de la conception de moteurs hybrides,

---

[168] Biomasse: composé de dérivés de matière organique (récente) qui génère de l'énergie lorsqu'elle est utilisée comme carburant. Exemple: alcool distillé de canne à sucre (éthanol).

essence (dérivée du pétrole) et éthanol (dérivé de la canne à sucre), de la logistique et des circuits de distribution du nouveau carburant accessibles à la population, ont empêché le projet Proálcool d'aboutir. Le gouvernement a essayé de passer en «forcé» en imposant aux citoyens brésiliens le choix de l'éthanol. Les problèmes technologiques et logistiques ont, toutefois, contrecarré la réussite de ce projet. Le projet Proálcool a finalement été abandonné au début des années 1980. Le *lobbying* de l'industrie automobile et les difficultés d'approvisionnement des stations essence sont les principales raisons de cet échec. Les *nationalistes* estiment que la classe politique a volontairement voué le programme Proálcool à un échec pour mieux se pencher sur la question du pétrole. Cet argument n'est pas valable, en effet, une analyse approfondie de la situation révèle que les industriels n'étaient pas favorables[169] à ce projet et qu'aucun circuit d'approvisionnement logistique n'avait pas été mis en place.

À l'époque, le financement de Petrobras provenait essentiellement de fonds publics, les avancées technologiques résultent des volontés progressistes de la classe politique de l'époque. La recherche et la technologie se développent grâce à l'expertise et à la main d'œuvre nationale qui observe et étudient les techniques et méthodes de travail des autres entreprises du secteur, analysent les expériences de Braspetro à l'étranger pour les mettre à profit des découvertes nationales.

Deux évènements majeurs ont bouleversé le parcours de Petrobras : la prospection maritime et le développement d'un biocarburant. La firme jusqu'alors confinée à la production de pétrole et de ses produits dérivés et à la prospection

---

[169] Castro, Celso, et Maria Celina Soares D'Araujo. 2002. *Dossiê Geisel*. Rio de Janeiro: FGV.

terrestre s'est transformée en entreprise productrice d'énergie, de pétrole et de produits dérivés, spécialisée dans le forage de puits en mer et dans la production d'éthanol.

4.2 Investissements publics et privés

Les réformes politiques sur la question de la privatisation de Petrobras, incarnée par l'entrée en vigueur de la Loi du Pétrole en 1997, affectent également le domaine de la recherche et du développement de la branche pétrolière et soulèvent la question de la rentabilité de la production de pétrole. Cette loi qui a diversifié la provenance des investissements versés à Petrobras et a contribué à l'amélioration des résultats obtenus par le département de la recherche et du développement, transformant ainsi l'entreprise d'État en une entreprise brésilienne plus compétitive. La loi du Pétrole a réformé la législation portant sur la provenance des capitaux investis dans la branche énergétique brésilienne. Des fonds d'origines diverses (publics, privés, nationaux, et étrangers) pouvaient dès lors être injectés dans la capitalisation de Petrobras. Le département de recherche et de développement a largement bénéficié de cette mesure législative. Effectivement, les investissements se sont multipliés et de nouveaux groupes de chercheurs se sont formés[170].

Les faits majeurs qui ont marqué l'histoire de Petrobras après l'adoption de la Loi du Pétrole, concernent la reprise du programme Proálcool,

---

[170] A cette période, seuls le gouvernement et les actionnaires d'entreprises travaillant en étroite collaboration avec Petrobras étaient intéressés par les résultats d'exploitation du pétrole.

l'autosuffisance en pétrole et les découvertes de couches pré-sel. Ces évènements débouchent sur la mise en place de processus et de programmes énergétiques qui relancent l'économie industrielle brésilienne. Chaque évènement sera l'objet d'une étude individuelle où le rôle de l'État dans le développement de chacune de ces activités sera analysé.

4.2.1 *Éthanol et Biocarburants.*

L'éthanol s'est popularisé au cours des années 1990 lorsque la société commença à s'intéresser aux questions environnementales. Les principales alternatives énergétiques écologiques qui recommandaient l'utilisation de l'éthanol (le même alcool utilisé par le programme Proálcool) et du biodiesel, provenant de la biomasse, ont été largement décriées. Les grandes compagnies internationales s'intéressaient de près aux questions énergétiques et intégraient la notion de développement durable pour la conception de nouveaux produits. L'environnement présentait une solution intéressante grâce à ses richesses en sources énergétiques moins polluantes que les énergies fossiles – comme le pétrole et ses dérivés – outre les autres énergies renouvelables.

Au Brésil, le programme Proálcool a été repris en 2003, sous la présidence de Lula (2002 à 2010) comme un outil stratégique du marché énergétique visant à tirer profit de la croissance offerte par cette alternative énergétique. Ce programme finalement baptisé Éthanol a par la suite donné son nom au carburant vendu dans les stations-services. Entre temps, le biodiesel s'est également développé. Au fond, le gouvernement brésilien n'avait jamais cessé de produire de l'éthanol. Lula a simplement mis en place une politique d'investissements favorable à l'éthanol.

Le retour sur investissements de la recherche et du développement a permis de produire de l'éthanol comportant un indice d'octane[171] semblable à celui de l'essence. Ainsi, le gouvernement brésilien plaidait en faveur de l'utilisation d'*énergies renouvelables*, au détriment d'*énergies produites à base de pétrole*. La plaidoirie de l'État préconisant l'utilisation de l'éthanol a transformé le Brésil en véritable partisan écologique favorable à l'utilisation d'*énergies renouvelables*. Cette position a suscité une levée des boucliers de la part de nouveaux opposants hostiles à l'exploitation de zones rurales utilisées pour la production de combustibles énergétiques au détriment de terres nourricières.

L'éthanol et le biodiesel sont tous deux économiquement viables et proposent une alternative écologique, mais surtout économique à la nation. Cette nouvelle activité crée des emplois, permet l'exploitation de terres cultivables et réduit la dépendance des importations de pétrole. On retrouve dans une tonne de canne à sucre une quantité d'énergie équivalente à 1,2 baril de pétrole[172]. De plus, la bagasse de canne à sucre sert de combustible pour les chaudières d'usines thermoélectriques. Le Brésil utilise également l'éthanol comme additif pour l'essence qui remplace le plomb tétraéthyle très toxique contenu dans l'essence. L'éthanol est aujourd'hui largement utilisé comme complément à l'essence dans des proportions variant de 20 à 25% pour les moteurs hybrides. Il représente 53%[173] des parts de marché de carburants des

---

[171] Indice octane: mesure la résistance d'un carburant utilisé dans un moteur à l'allumage commandé à l'auto-allumage
[172] www.petrobras.com.br
[173] www.petrobras.com.br

véhicules disposant d'une technologie *flex-fluel*[174]. En clair, la technologie *flex-fuel* permet de choisir entre l'utilisation d'éthanol, d'essence ou de mélanger les deux. Le choix du consommateur dépend ainsi du prix des carburants à la pompe. Au contraire, le biodiesel est un carburant dérivé de plantes oléagineuses – comme le soja, l'huile de palme, le coton, l'huile de ricin et le tournesol – de plantes endémiques du Brésil, mais aussi des graisses animales et des huiles de fritures recyclées.

Véritable symbole de la politique du développement durable, l'éthanol n'a cependant pas mis un terme aux objectifs d'autosuffisance en pétrole annoncé par l'État brésilien. L'enrichissement économique basé sur la production d'énergie devait stimuler la croissance économique nationale. Petrobras a profité de cette occasion pour créer, en 2008, une succursale dénommée Petrobras Biocombustível S.A chargée de satisfaire à la demande mondiale de biodiesel et d'éthanol. Cette succursale a créé en collaboration avec le CENPES un Programme Technologique de Biocarburants pour concevoir des technologies nécessaires à la production durable de biocarburants de qualité en correspondant aux besoins des marchés (intérieur et extérieur) [175].

4.2.2 L'autosuffisance.

La fondation de Petrobras et la mainmise de l'État sur les ressources énergétiques traduisent la volonté du Brésil de devenir un pays autosuffisant en énergie. En effet, dès 1953, l'État voulait contrôler la chaîne de production et la

---

[174] Technologie *flex-fuel* ou flexible-fuel est une évolution de la conception des moteurs équiper pour permettre la combustion de plusieurs types de carburants, mélangés simultanément dans le même réservoir, détectés par des capteurs et des régleurs d'injection et d'indice octane.
[175] www.petrobras.com.br

consommation des gisements sis sur le territoire national. L'autosuffisance[176] signifie que la production nationale de pétrole et d'énergie est suffisante pour satisfaire la consommation nationale, elle rompt toute dépendance avec le pétrole importé. Le Brésil a déclaré en 2006, son autosuffisance en pétrole. Cela signifie que la capacité productive des raffineries satisfait la demande nationale d'hydrocarbures. Néanmoins, il convient de souligner que le Brésil importe toujours du pétrole.

Le Brésil est toujours dépendant des importations de pétrole puisque les raffineries brésiliennes ont été construites sur le modèle de la REDUC[177], érigée en 1961, avant que les premiers gisements pétroliers ne soient découverts sur le territoire national. Les raffineries construites au Brésil projetaient de traiter un pétrole « *léger* ». Or le pétrole brésilien provenant des puits maritimes est un pétrole *«lourd»* qui, à défaut d'équipements adaptés, ne peut être traité dans ces raffineries. C'est la raison pour laquelle le Brésil continue d'importer du pétrole « *léger* ». Le pétrole « *lourd* » a été utilisé pour la production de bitume. Une partie de ce pétrole a été exporté. Puis, des faibles quantités dudit pétrole ont été utilisées pour des mélanges qui ont ensuite été raffinés dans des unités locales.

Le seuil d'autosuffisance a été atteint en 2005, grâce au développement de nouvelles technologies nécessaires à l'exploitation de puits situés dans des eaux ultraprofondes[178], et notamment grâce à un forage à 6.915 mètres de

---

[176] Autosuffisance: est considéré autosuffisant tout pays capable de produire du pétrole dans un volume égal ou supérieur à celui qu'il peut traiter dans ses raffineries dans le but de satisfaire son marché intérieur Revue : (Isto é especial)

[177] Il existe aujourd'hui 16 raffineries Petrobras au Brésil.

[178] Eaux profondes: profondeur d'une lame d'eau située entre 300 et 1500 mètres. Eaux ultraprofondes : l'adjectif ultraprofond se réfère à des profondeurs supérieures à 1500 mètres à partir de la lame d'eau («Especial Petrobras.». 2008. *Isto é*).

profondeur. Ce secteur n'a été exploité à des fins commerciales que l'année suivante lorsque la technologie a permis la construction des plates-formes en haute mer. L'édification des plates-formes P-34 et P-50 a permis d'entamer les activités d'extraction de ce site qui produit en moyenne 1,9 million de barils par jour.

L'autosuffisance est perçue comme un signe de réussite résultant de 50 années de recherches intensives. Néanmoins, le Brésil dépend toujours du pétrole « *léger* » qu'il continue d'importer. De fait, il convient de préciser que l'autosuffisance n'est pas le fruit d'une production totalement nationale. Le statut qu'acquiert Petrobras en devenant la troisième entreprise productrice d'énergie au monde s'inscrit dans un mouvement de transition industrielle de l'économie brésilienne. Cependant, le courant développementaliste recherchait dans la science et la technologie l'expertise nécessaire à la réalisation de nouvelles recherches de puits destinées à stopper le processus d'importations. Il est bon de rappeler que le Brésil produisait de faibles quantités de pétrole « *léger* ». Être autosuffisant ne signifiait pas que le pays contrôlait sa production ni sa consommation énergétique provenant du pétrole. D'un point de vue économique, l'économie brésilienne n'est pas devenue une puissance majeure au niveau mondial, tout comme Petrobras qui continue de jouer les seconds rôles auprès des grandes firmes du milieu pétrolier.

Après avoir analysé la position de l'État sur la question de l'autosuffisance en pétrole, il est bon d'observer que ce terme (autosuffisance) est souvent l'objet d'interprétations erronées. Effectivement, l'importation de pétrole qui répond à un besoin n'est pas un atout pour l'économie industrielle. L'auto proclamation d'autosuffisance est en quelque sorte un coup médiatico-politique pour le gouvernement travailliste, ce qui est loin d'être étonnant si l'on considère que le Brésil est à l'époque présidée par Lula, cet habile tribun (2003-2011), qui se distingue par son coté populiste et *ufanista*.

4.2.3 Pré-sel.

La proclamation d'autosuffisance et le projet de développement de l'éthanol ont servi d'outils d'instrumentalisation pour accroître la part d'investissements alloués à la branche énergétique, pour attirer des fonds reversés à la recherche en eaux ultraprofondes et à la recherche de manière plus générale. En 2007[179], de nouveaux gisements pétroliers ont été découverts dans la couche pré-sel le long du littoral brésilien. La couche pré-sel est une grande réserve de pétrole, qui a commencé à se former il y a plus de 100 millions d'années d'après certaines études géophysiques. Pour extraire du pétrole, la plate-forme doit forer sous la couche de sel.

La couche pré-sel est une région souterraine formée par des couches de roches localisées sous le sel, à 5 km de profondeur dans l'océan, sous la lame d'eau – située à 2 km, sujette à variation – soit dit en passant, le pré-sel se trouve à une profondeur moyenne de 7 km sous la surface de l'océan (cf figure 6). La découverte de pétrole dans la couche pré-sel a abouti grâce au développement de nouvelles technologies d'exploitation océanographiques, grâce à des techniques comme les sismiques 3D et 4D, ainsi qu'au perfectionnement des techniques de forage à cette profondeur et à l'édification de plates-formes pétrolières en haute mer.

---

[179] Bandeira, Luiz Alberto Monis. 2008. «O Brasil Como Potência Regional E a Importância Estratégica Da América Do Sul Na Política Exterior.» *Revista Temas & Matizes*, 9-22.

Figure 6: La couche pré-sel

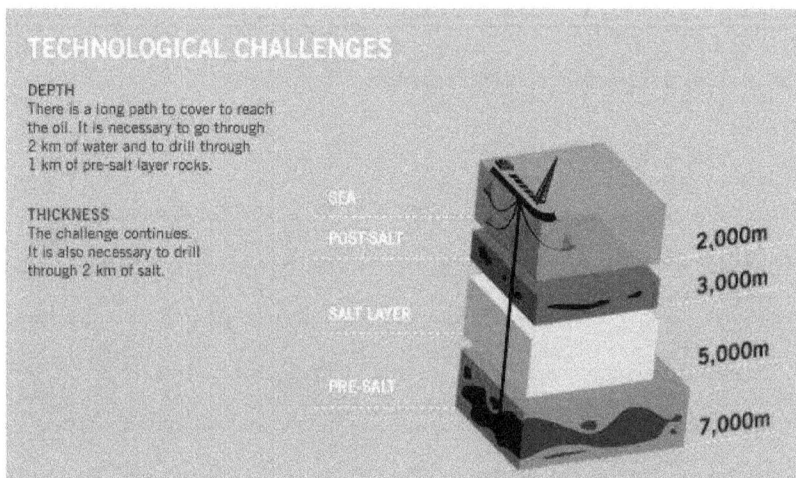

Source: www.petrobras.com.br

Le gisement de Tupi dans le Bassin de Santos[180] a été le premier champ de pré-sel découvert au Brésil. Dans cette province pétrolifère, la concentration de pétrole et de gaz dans ces couches pré-sel pourra augmenter de 50 %, selon les informations de Petrobras. Cette conjecture, si elle est avérée, ferait du Brésil et de Petrobras des protagonistes du secteur de l'énergie sur la scène internationale.

La couche de pré-sel au Brésil est une vaste région déjà délimitée qui couvre 800 km de long pour 200 km de large. Certains estiment que cette zone serait bien plus vaste à 340 km de la côte[181]. Cette couche pré-sel est située le long du littoral brésilien au large des côtes des états de Rio de Janeiro, São

---

[180] www.petrobras.com.br
[181]Luna, Denise. 2008. «Pré-Sal Se Estende Até O Ceará, Diz Geólogo.» *Reuters Brasil.* En ligne. http://br.reuters.com/article/domesticNews/idBRSPE49G0K520081017 (page consultée l'octobre 17).

Paulo et de l'Espirito Santo. Néanmoins, certaines études estiment que cette zone s'étendrait de l'état de Santa Catarina jusqu'au Ceara, ce qui multiplierait sa superficie actuelle par 10 (cf figure 7).

Figure 7: Carte de la zone d'exploitation de la couche pré-sel prouvée au Brésil

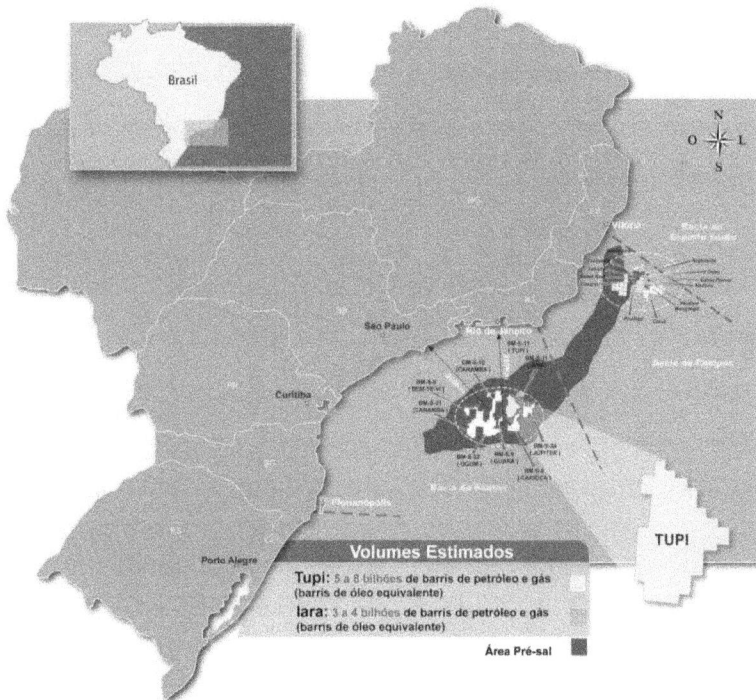

Source: www.camara.gov.br

Afin de déterminer la nature du pétrole à extraire et de mieux explorer la zone, Petrobras a entrepris les premières prospections techniques de pétrole dans la couche pré-sel en septembre 2008. Même si Petrobras assure détenir la technologie adaptée pour extraire le pétrole de cette couche, la firme envisage de réaliser de nouvelles recherches sur la conception de techniques d'extraction plus rentables dans les zones ultraprofondes en collaboration avec le CENPES et les centres de recherches des universités publiques fédérales[182]. Le projet prévoit d'exploiter commercialement la zone de Tupi en 2013. Avec une production initiale de 100 mille barils par jour[183]. Néanmoins, des experts estiment que ce chiffre peut être multiplié par cinq[184]. Même si l'exploitation de ce gisement n'a toujours pas débuté, des estimations prévoient que les trois premiers champs découverts hisseraient les réserves brésiliennes officielles à 33 milliards de barils au lieu des 14 milliards actuels.

De plus, une étude portant sur la qualité du pétrole découvert dans la zone pré-sel, prévoit une évolution quant à la nature des hydrocarbures extraits des réserves pétrolières brésiliennes et qui sont jusqu'à aujourd'hui largement composées de pétrole « *lourd* ». Si elle est avérée, cette estimation entraînera la diminution des importations de pétrole « *léger* » et de gaz naturel. Au Brésil, la seule source de pétrole « *léger* » provient d'Amazonie, or, les récentes découvertes dans la zone du pré-sel laissent penser que ces couches contiennent un pétrole «*léger*», le même qui est justement importé dans le pays.

La découverte de puits de pétrole dans la couche du pré-sel, d'où sera peut-être extrait du pétrole « *léger* »[185], renforce le sentiment *ufanista* sur la question de la production nationale. Aussi, cette exploration lance des défis

---

[182] «Petrobras Vai Buscar Tecnologia De Maior Rentabilidade Para Explorar Pré-Sal.». 2008. *Folha de São Paulo*. En ligne. http://www1.folha.uol.com.br/folha/dinheiro/ult91u440296.shtml (page consultée le septembre 1).
[183] www.petrobras.com.br
[184] www.petrobras.com.br
[185] Nous indiquons ici la *possibilité* d'extraction de pétrole léger après les premiers tests qui démontrent l'existence de ce type de pétrole, puisque l'exploitation commerciale n'a toujours pas commencé.

technologiques, pose des problèmes politiques, notamment en matière de législation et soulève des questions de Droit International.

La découverte de pré-sel lance des défis technologiques à Petrobras et à l'État. Ces projets titanesques consacrés à la conception de technologies pour l'exploration de cette zone exigent davantage d'investissement de la part des scientifiques et des ingénieurs. C'est la raison pour laquelle un partenariat a été signé entre Petrobras et le Noyau de Transfert de Technologie (NTT : Núcleo de Transferência de Tecnologia) de la Coordination des Programmes du Master d'Ingénierie – Coppe de l'Université Fédérale de Rio de Janeiro[186].

Malgré la découverte de ces gisements, les progrès technologiques, et le soutien financier d'entreprises privées comme OGX, la prospection de pétrole dans la couche du pré-sel est freinée par l'absence de technologies indispensables pour ce type d'extraction. Le spécialiste Giuseppe Bacoccoli, du Laboratoire de Techniques Informatiques d'Ingénierie de la Coppe[187], estime que ce n'est pas la profondeur, mais bien les conditions géophysiques qui posent le plus de difficultés à l'exploration de cette zone. Bacoccoli souligne que Petrobras n'a jamais été confronté à un tel défi : traverser une croûte saline. Ce type de roche est à la fois dur et stable, alors que le pré-sel n'est pas aussi dur et moins stable. On peut le comparer à un trou que l'on fait dans de la gélatine et qui se referme par la pression et le poids de l'eau.

---

[186] Il convient de préciser que cette université est publique, c'est un exemple de développementalisme constante dans les recherches de pétrole au Brésil.

[187] Escobar, Herton. 2007. «Rede De Pesquisa Tentará Simular E Solucionar Desafios Do Pré-Sal.» *O Estado de São Paulo*. En ligne. http://www.estadao.com.br/noticias/impresso,rede-de-pesquisa-tentara-simular-e-solucionar-desafios-do-pre-sal,364574,0.htm (page consultée le novembre 18).

Un autre défi technologique suscite des interrogations : les opérations de forage posent aussi des difficultés puisque le sel peut exercer des tensions et refermer des puits. Dans ce cas de figure, il convient de fabriquer un revêtement en acier consolidé par du ciment spécial. Se pose ensuite la question de l'adaptation du pétrole à la température de l'eau, une fois qu'il jaillit de la croûte très chaude, il peut à ce moment former des précipitations susceptible de pénétrer dans les équipements de pompage qui transporte le pétrole et qui sont en contact avec la mer gelée. Puis, un contrôle du flux du pétrole est mis en place afin d'éviter tout problème : une étude portant à la fois sur le développement de produits chimiques qui inhibe et dissout les précipitations et sur le réchauffement des pompes sont actuellement en cours. Enfin, le dernier défi d'ordre financier établit un lien entre le coût des opérations et les connaissances techniques. Ce challenge rassemble des groupes de chercheurs qui étudient la géométrie des roches afin de mettre au point de nouvelles techniques d'extraction qui diminuent le temps de forage et par conséquent les coûts de production du pétrole pré-sel[188].

Un nouveau problème d'ordre technique porte sur les méthodes d'extraction. Petrobras et l'État brésilien – représenté par le Ministère des Mines et de l'Énergie – doivent définir des stratégies pérennes puisque les opérations d'extraction doivent être réalisées avec le plus grand soin. En effet, le pétrole peut s'épuiser dès la première génération[189] s'il est rapidement extrait. Or, le Brésil n'a aucun intérêt à exporter de grandes quantités de pétrole brut et dérivés, puisqu'un tel scénario générerait une surévaluation du taux de change

---

[188] www.petrobras.com.br
[189] Une génération dure en moyenne 25 ans.

qui favoriserait les importations[190] et affecterait les autres secteurs d'exportations. De fait, cette situation serait nuisible à la croissance économique puisqu'elle porterait préjudice aux autres branches de la production industrielle et agricole. L'État brésilien devra faire face, au niveau national, aux revendications des états sis sur le territoire du pré-sel. Ces derniers exigent le versement de *droits d'exploitation*[191] découlant de cette exploration même si, la technologie nécessaire à l'exploitation n'a toujours pas été mise au point et si les activités d'exploitation n'ont toujours pas commencées.

D'un point de vue politique, les *nationalistes,* alliés aux mouvements émergents orchestrés par les syndicats et les hommes politiques de gauche soutiennent le rétablissement de la Loi du Monopole (loi 2.004/53) et l'abrogation de la Loi du Pétrole[192]. Leur devise « *Le pré-sel doit nous appartenir!* » traduit leur volonté de mettre fin aux appels d'offres lancés aux multinationales ainsi qu'aux entreprises brésiliennes privées. La découverte de pré-sel ravive la théorie selon laquelle le Brésil est une terre fertile qui renferme une abondance de richesses. Ainsi, même si Petrobras est sous le contrôle majoritaire d'actionnaires brésiliens, la présence d'entreprises étrangères ou privées constitue une « *menace* » de détournements de ces richesses. En dépit de ce mouvement émergent, l'État brésilien a créé une nouvelle entreprise publique : Pré-Sal Petróleo S.A. (PPSA), le 31 août 2009. Cette firme est chargée

---

[190] Lorsqu'une monnaie est forte, le taux de change diminue, les produits bons marché sont de plus en plus convoités.
[191] Au Brésil, les *royalties* sont versées par le gouvernement suite à l'extraction ou à l'exploitation des ressources naturelles en vertu d'une législation spécifique.
[192] «Petroleiros Apresentam Projeto Pelo Monopólio Estatal Do Petróleo E Por Uma Petrobras 100% Pública.». 2009. *Agência Petroleira de Notícias*. En ligne. http://www.apn.org.br/apn/index.php?option=com_content&task=view&id=1243&Itemid=1 (page consultée le août 27).

d'administrer les mégagisements et d'établir des partenariats avec d'autres compagnies pétrolières qui participent à l'exploitation de ces gisements en étroite collaboration avec Petrobras. A cet égard, Petrobras pourrait négocier des contrats d'exploitation de cette zone avec ces nouvelles compagnies. Dans cette nouvelle structure, l'ANP reste chargée de lancer les appels d'offres pour l'exploration de cette zone. L'entreprise d'Eike Batisista OGX a raflé la concession du champ Tupi. OGX a signé un accord avec Petrobras pour disposer de la technologie utilisée dans le processus l'exploitation de pré-sel dans les eaux brésiliennes pour que les cycles productifs intérieurs[193] bénéficient à l'économie nationale. Au fond, la participation de nouvelles entreprises, en plus de Petrobras, qui prennent part aux activités d'exploration, de recherche, mais qui participent surtout à l'activité économique s'inscrit dans un mouvement de nationalisme économique énoncé dans le programme développementaliste.

En définitive, le Droit International Public est un outil analytique que l'État brésilien utilise pour étudier la question d'exploration du pétrole pré-sel. Les réserves de pétrole pré-sel sont localisées à des profondeurs variées dans une région classée *zone économique exclusive (ZEE)*[194]. La divulgation des résultats des recherches indiquant la possibilité de découvrir de nouveaux gisements de pétrole pré-sel hors de la zone classé ZEE, à la frontière des eaux territoriales brésiliennes a été l'objet de nouveaux débats plus passionnés les uns que les autres. Les *nationalistes* revendiquent l'exclusivité des travaux de recherches dans les futures zones alors que ce gisement de pétrole pré-sel est sis à la

---

[193] «Interview Avec Eike Batista.». 2011. *Globo News.* En ligne. http://globonews.globo.com/videos/v/manhattan-connection-entrevista-eike-batista/1459236/ (page consultée le mars 13).
[194] A 200 mille des côtes.

frontière des eaux territoriales brésiliennes et internationales. Les *nationalistes* qui se basent sur la Convention des Nations Unies portant sur le Droit de la Mer[195], estiment que cette convention n'a pas été ratifiée par tous les pays, et que d'autres pays ne l'ont pas signé en interne. Cette situation soulève une nouvelle fois la question de nationalisation des ressources pétrolières qui prennent une importance croissante dans la vie économique brésilienne.

D'une part, Petrobras entrevoit en ces nouvelles découvertes l'opportunité d'augmenter sa capacité de production, de l'autre l'État réfléchit à des solutions pour que cette augmentation de la production profite au développement de la patrie. La découverte de pré-sel, perçue à la fois comme un véritable trésor et un levier de développement, est déjà l'objet de vifs débats politiques quand bien même la prospection n'aurait toujours pas débuté. En somme, l'État reste le garant de l'exploitation des gisements pré-sel, il administre les ressources pétrolières et n'hésite pas à prendre position comme il l'a fait lors du rejet du Rapport Link et lors de la proclamation d'autosuffisance. Pour mener à bien ces ambitions, l'État détermine sa position politique en se basant uniquement sur les principes d'*ufanismo* ou de volontarisme national, et ce, indépendamment du fait qu'il ne s'agisse pour l'instant que d'un projet. S'agissant du pré-sel, Petrobras et l'État brésilien diagnostiquent et parient déjà sur le taux de croissance économique qui devrait selon toute vraisemblance être portée par une activité qui n'a toujours pas commencée.

Malgré les différents écueils, les difficultés d'ordre technologique et les problèmes d'ordre politique, l'extraction de pétrole dans la couche pré-sel est

---

[195] Signée en 1983, à Montego Bay en Jamaïque

une activité viable. Les innombrables conditions défavorables susceptibles d'affecter les opérations d'extraction n'ont pas découragé les professionnels du secteur, elles ont au contraire été un moteur de motivation supplémentaire. Le développement de nouvelles technologies n'a jamais posé problème à Petrobras, en effet, le CENPES et les universités fédérales ont toujours conçu les équipements technologiques dont Petrobras avait besoin. En outre, le pouvoir exécutif met en œuvre un cadre législatif favorable à la firme pétrolière. La question n'est pas de savoir si le pré-sel est un défi pour l'État ou s'il s'agit d'un « *divertissement* », le pétrole existe, c'est un fait, il prévaut sur toute considération d'où le dicton de la « création de pétrole » qui traduit cette volonté inébranlable de s'enrichir grâce au pétrole.

4.2.4 La participation d'entreprises privées nationales et étrangères.

La découverte et la recherche de pré-sel au Brésil s'inscrivent dans le cadre législatif posé par la Loi du Pétrole. Petrobras et de nouvelles entreprises (nationales et étrangères) qui ont décroché des lots de l'appel d'offres de l'ANP se partagent les concessions. Ainsi, les cinq entreprises privées les plus actives intervenant dans cette zone, sont étrangères pour quatre d'entre elles (Anadarko, Devon, Exxon Mobil et Shell) et brésilienne pour l'une d'elle (OGX). Il n'en demeure pas moins que Petrobras est la principale compagnie opérant dans la plupart des blocs de pré-sel. On peut citer parmi les autres firmes, Exxon Mobile (dans le Bassin de Santos) et Anadarko (dans le Bassin de Campos).

Les quatre entreprises étrangères les plus actives dans l'exploitation de pré-sel ont déjà annoncé avoir découvert du pétrole dans leurs zones de concessions (appelées blocs), néanmoins aucune d'entre elles n'assure pour l'instant une exploitation commerciale[196]. Anadarko[197] et Devon[198] opèrent dans le Bassin de Campos. Anadarko détient 30% du bloc où elle intervient alors que Devon en détient 25%.

Shell et Exxon opèrent quant à eux dans le Bassin de Santos. Shell détient 100 % de son bloc, mais a déclaré en 2010 la vente de 20 % de ces parts à l'entreprise française Total. Malgré cela, Shell demeure jusqu'à aujourd'hui le deuxième producteur de pétrole au Brésil. De son côté Exxon Mobil détient 40 % de son bloc – également détenu à hauteur de 20 % par Petrobras.

D'autres entreprises étrangères sont également intéressées par l'exploitation de gaz naturel dans les zones du pré-sel. C'est notamment le cas de certaines entreprises russes spécialisées dans l'extraction de gaz qui croient au potentiel gazier de la région. Les appels d'offres pour la vente de lots de gaz de la couche pré-sel n'ont toujours pas été lancés.

OGX opère à la fois en mer dans les Bassins de Campos et de Santos, et sur terre dans le Bassin de Parnaíba. Les seules activités commerciales d'OGX résultent de l'extraction de pétrole post-sel[199] même si la firme détient des concessions de pré-sel. OGX a déjà foré 60 puits, dont 90% contiennent du pétrole[200]. Il convient de considérer que la zone de recherche d'OGX se

---

[196] Pamplona, Nicola, et Kelly Lima. 2010. «Shell Encontra Petróleo No Pré-Sal.» *Estadão*. En ligne. http://www.estadao.com.br/noticias/impresso,shell-encontra-petroleo-no-pre-sal,616799,0.htm (page consultée le septembre 29).
[197] Anadarko Petroleum Corporation est une compagnie étasunienne fondée en 1959 spécialisée dans l'exploitation de pétrole et de gaz.
[198] Fondée en 1971, Devon Energy est une compagnie étasunienne spécialisée dans l'exploitation de pétrole et de gaz.
[199] Rosas, Rafael. 2009. «Ogx Aposta Em Reservatórios Do Pós-Sal Para Iniciar Exploração.» *Jornal O Globo*. En ligne. http://oglobo.globo.com/economia/mat/2009/02/12/ogx-aposta-em-reservatorios-do-pos-sal-para-iniciar-exploracao-754385222.asp (page consultée le fevrier 12).
[200] www.ogx.com.br

concentre sur la couche post-sel, il s'agit une vaste zone de recherche. Dans la couche pré-sel, OGX ne détient dans le Bassin de Campos que sept blocs, dont cinq confirmés contenant du pétrole. OGX est une jeune entreprise du secteur. Même si l'existence de gisements a été confirmée, la stratégie d'OGX peut-être perçue comme un moyen d'emmagasiner de l'expérience dans un domaine où elle doit se perfectionner. En effet la couche pré-sel se situe dans une région plus sensible. En confiant sa gestion à des anciens hauts fonctionnaires de Petrobras, OGX envisage de supplanter Petrobras grâce au *savoir-faire*, et assure vouloir respecter le système économique développementaliste. OGX est aujourd'hui la deuxième compagnie brésilienne spécialisée dans l'exploration de pétrole en mer talonnant de près Petrobras.

Les découvertes de pré-sel ont contribué à la refonte du système des concessions. De nouvelles firmes participent désormais à l'exploration de pétrole au Brésil. La Loi du Pétrole promulguée en 1997 a autorisé la participation de nouvelles entreprises. La découverte du pré-sel suscite aujourd'hui un intérêt croissant de nouvelles compagnies pour le sous-sol brésilien riche en hydrocarbures. En recrutant l'ancien des anciens dirigeants de Petrobras, OGX a défini une stratégie ambitieuse qui consiste à devancer Petrobras dans la course effrénée à l'or noir. De plus, la firme brésilienne maîtrise sa communication en assurant œuvrer pour la croissance économique nationale. Aujourd'hui, les compagnies pétrolières étrangères sont de plus en plus présentes alors qu'elles étaient cantonnées au rôle de distributeur par la Loi du Monopole jusqu'en 1997. Ces firmes ont diversifié leurs activités grâce à l'entrée en vigueur de la Loi du Pétrole, elles interviennent très souvent dans les opérations d'exploration, stimulant ainsi les investissements dans la branche technologique, de la prospection marine et, plus récemment, les investissements consacrés aux activités d'exploration du pré-sel.

4.3 Considérations finales

Les décisions portant sur le développement technologique de Petrobras ont toujours été prises en phase avec l'actualité politique et économique nationale et internationale. Le développement économique était le but suprême du gouvernement brésilien. Les investissements privés et étrangers n'ont été intégrés à la culture entrepreneuriale qu'après l'entrée en vigueur de la Loi du Pétrole. En effet, avant la promulgation de cette loi, le financement de Petrobras provenait exclusivement de fonds publics, la recherche et la technologie dépendaient du degré d'implication de l'État brésilien sur le marché du pétrole.

Véritable expertise approfondie et basée sur des données scientifiques, le Rapport Link soumis au gouvernement dans les années 1960 est le premier travail scientifique et technologique à avoir influencé Petrobras et l'État brésilien. Cependant, il a été perçu comme un affront puisqu'il portait bafouait l'honneur du Brésil qui croyait vraiment découvrir des ressources pétrolières sur terre. Les *nationalistes* soutenaient pour leur part, une théorie du complot s'opposant au développement national. De même, ce sentiment conspirationniste fut également partagé lors de l'abandon du programme Proálcool à l'aube des années 1980. Petrobras a profité de la loi monopole pour se spécialiser dans la prospection marine et dans la conception de technologies de pointe. À cette période, tout échec était attribué à la théorie du complot.

L'adoption de la Loi du Pétrole a favorisé l'augmentation de la production de pétrole au Brésil. Les principaux faits marquants découlant de cette réforme sont la reprise du programme des biocarburants, la proclamation d'autosuffisance et la découverte de pré-sel. Il est intéressant de noter la présence constante des pouvoirs publics dans l'administration des activités pétrolières et énergétiques, soucieux de lier les intérêts de l'État aux activités de Petrobras et des entreprises privées. On l'aura compris; la croissance économique demeure le principal enjeu du gouvernement.

Des estimations prévoient que Petrobras pourrait devenir le premier producteur d'énergie au monde grâce à l'exploitation de la couche du pré-sel. Cette interprétation *ufanista* ou scientifiquement viable ne pourra être vérifiée que lorsque la couche pré-sel sera exploitée à des fins commerciales, à condition que les dispositions législatives – nationales et internationales – l'autorisent. Au fond, Petrobras est aujourd'hui un acteur incontournable de la branche pétrolière. La firme a été fondée alors qu'aucun gisement pétrolier n'avait jusque-là été découvert. En définitive, la « création de pétrole » est le fruit d'une puissante volonté de faire grandir le Brésil.

Conclusion

Cette étude s'attache à souligner l'importance du rôle qu'a joué Petrobras dans l'économie nationale, et le soutien que lui a apporté l'État dans la mise en œuvre de son développement. On peut établir un lien entre les politiques économiques adoptées par les gouvernements Dutra-Lula ou Kubistchek-Cardoso, qui soutenaient des secteurs productifs spécifiques. Toutefois, il est intéressant d'observer que les mesures interventionnistes ne s'inscrivaient pas dans un courant politique de droite ou de gauche. Nous sommes en présence d'une idéologie nationale basée sur des principes de patriotisme, et de volontarisme d'État.

L'interventionnisme et le protectionnisme d'État ont favorisé le processus développementaliste de l'économie brésilienne. La création d'entreprises publiques a posé les bases de l'économie industrielle brésilienne. Cette industrialisation est le fruit d'une décision volontariste de l'État qui croyait à une destinée nationale, apte à remplir toutes les conditions nécessaires pour mettre en œuvre un processus de production industrielle sans recourir à une quelconque aide extérieure. Au fond, l'État brésilien, qui a déterminé son modèle de développement économique, a toujours eu – et a toujours – une vision *ufanista* de la nation. On peut définir ce modèle développementaliste comme une idéologie basée sur le volontarisme, le contrôle, l'intervention et l'*ufanismo*.

Le volontarisme a joué un rôle déterminant dans le processus développementaliste, officiellement évoqué dans les années 1950 lors de la construction et de la définition de l'identité du développementalisme brésilien, réévalué au cours du temps. Le modèle brésilien se distingue de l'interventionnisme mexicain basé sur le développement de l'industrie énergétique, où la fondation d'une compagnie pétrolière nationalisée n'a pas été accompagnée d'un courant volontariste et nationaliste nécessaire pour faire face aux écueils des marchés internationaux. Le cas brésilien est différent : l'État a assumé l'entière responsabilité du destin développementaliste, étant convaincu que le Brésil possédait les ressources nécessaires pour garantir sa propre croissance, sans plus dépendre d'autres économies. Ce qui ne l'a pas empêché de recourir abondamment au financement extérieur particulièrement dans les années 70 et 80, jusqu'à la crise et au défaut de paiement en 1992.

L'exercice du « contrôle » de l'économie par l'État, clairement perceptible durant la dictature militaire, est considéré comme une question de souveraineté nationale. En somme, les militaires estiment que le marché est une institution d'État. C'est la raison pour laquelle l'économie devient un enjeu de souveraineté nationale. L'État a instauré un système de contrôle des marchés et des institutions publiques, pour protéger l'économie nationale, rappelant au passage que les entreprises d'État font partie de l' «ensemble » des institutions publiques. C'est pourquoi, les militaires dirigeaient et présidaient les entreprises publiques à l'occasion de la dictature. Les entreprises publiques faisaient office d'instruments de contrôle et de maîtrise de l'économie nationale, si bien que l'un d'eux, le Général Geisel, assuma la présidence de Petrobras de 1969 à 1973, avant de gouverner le Brésil de 1974 à1979.

L'ensemble du processus du *développementalisme* brésilien et de «manipulation » de l'environnement économique est appelé la «marche forcée ». Il s'agit en fait d'un courant volontariste et interventionniste destiné à stimuler la croissance brésilienne. La fin de la dictature militaire ne nuit pas aux aspirations développementalistes. En effet, Lula, le candidat du Parti des Travailleurs (PT), et élu à la présidence du Brésil – (2003-2010) renoue avec le volontarisme d'État. Le Pt est fidèle aux traditions d'interventionnisme de l'État, il reprend le contrôle des entreprises publiques, par l'intermédiaire de ses membres affiliés, le géologue José Eduardo Dutra qui assuma la présidence de Petrobras (2003-2005) et l'actuel président (depuis 2005), économiste de formation Sergio Gabrielli. Le gouvernement travailliste partage une vision développementaliste, qui détermine la position de l'État en matière de nationalisme et de souveraineté nationale. L'État est aujourd'hui actionnaire majoritaire de Petrobras, alors qu'il détenait sous l'ère militaire le monopole des actions de Petrobras. C'est pourquoi, sa position l'autorise à protéger la branche énergétique et à intervenir directement sur les politiques économiques nationales. Au fond, le gouvernement travailliste et les différentes dictatures militaires, qui se sont succédés, partageaient les mêmes aspirations nationalistes, à quelques nuances près. L'idéologie développementaliste brésilienne prévaut sur tout autre paradigme économique et corrobore les propos d'Hélio Jaguaribe[201] selon lesquels le nationalisme ne s'inscrit pas dans un mouvement de partis institutionnels opposant la droite à la gauche. Il s'agit plus exactement d'un outil de protection des moyens de production mis à disposition du secteur privé, si tant est qu'il est national.

Le gouvernement utilise l'*ufanismo* comme un outil de communication adapté à sa politique intérieure. L'État brésilien a opté pour un modèle économique développementaliste basé sur les valeurs *ufanistas*, en instaurant

---

[201] Cf citation complète au début du 1er chapitre.

des mesures sociales et des mesures favorables à la croissance de secteurs dits prioritaires, telles que les branches énergétique et technologique. Cette idéologie développementaliste, basée sur l'*ufanismo,* est fréquemment énoncée lors de discours économiques ou d'annonces de réajustements. Le Brésil possède en réalité de nombreuses richesses. Aussi, les réussites développementalistes symbolisées par l'émergence de firmes, telles que Petrobras peuvent attiser les convoitises de compagnies étrangères susceptibles de menacer la souveraineté nationale. A l'heure où l'*ufanismo* assume un discours ultra patriotique, le nationalisme préconise pour sa part la protection de l'économie nationale. Ainsi, en posant les bases d'une économie industrielle solide, l'État brésilien semble « équipé », pour se projeter vers de nouvelles perspectives nationales, et surtout internationales.

On peut légitimement se poser des questions sur la viabilité du programme industriel et notamment sur le montant colossal des fonds investis pour atteindre le taux croissance planifié. En effet, l'étude de différentes étapes, au cours desquelles le Brésil a investi dans les forages, ou dans différents travaux, réalisés à l'époque du monopole, révèle que la somme des investissements versés à Petrobras est astronomique. Le Brésil a lourdement investi dans l'exploration de puits situés dans des zones qualifiées d'improbables par le Rapport Link. Mais rien n'y a fait, l'inébranlable « foi » brésilienne, qui prévoyait un grand destin énergétique à la nation combinée à la suspicion planant sur la probité des recherches menées par Link, ont abouti à des investissements à perte, dommageable pour l'économie brésilienne. En outre, les fonds investis pour les différentes missions menées à l'époque du monopole ont été d'autant plus importants que Petrobras était la seule firme brésilienne spécialisée dans des activités pétrolières, à l'exception de la distribution. Le monopole des activités pétrolières a coûté très cher à l'État. Effectivement, le Brésil s'est vu contraint d'importer du pétrole lors des deux chocs pétroliers. Ces importations ont profondément affecté la situation économique brésilienne, l'État s'étant engagé à contrôler l'économie nationale et les finances de l'entreprise publique.

Alors qu'elle n'était auparavant qu'un simple d' «agent » industriel, Petrobras est devenue un véritable partenaire de l'économie publique. C'est cette nouvelle relation basée sur le développement de la croissance nationale qui détermine la différence des termes précédemment énoncés. L'État a créé Petrobras pour stimuler la croissance économique du pays. Aujourd'hui, le partenariat, établi entre le gouvernement d'une part, et Petrobras de l'autre, a permis d'atteindre le stade de l'autosuffisance productive et la découverte d'immenses puits de pétrole pré-sel. Ce projet n'a désormais plus vocation à améliorer les données nationales et les statistiques économiques, il a indirectement contribué au développement de nouveaux secteurs de la société et à la création d'une multinationale capable de rivaliser avec les plus grandes firmes pour l'attribution de marchés internationaux. Les avancées technologiques, résultant du progrès de la science, traduisent l'influence croissante qu'exerce de Petrobras auprès de la société brésilienne. Néanmoins, le montant des fonds débloqués pour parvenir à ce résultat suscitent bien des interrogations. Il est impossible d'affirmer avec certitude que le Brésil aurait atteint les mêmes résultats, si les investissements alloués à la prospection des puits avaient été directement versés aux universités, et aux centres de recherche, ou mieux encore dans le système de santé. Interrogation d'autant plus légitime, si l'on considère que l'État brésilien s'est basé sur des principes *ufanistas*, de « foi » et de «bonne volonté » pour produire et investir, à une période où les déficits découlant des tentatives stériles auguraient d'un investissement à perte.

Il est évident que l'*ufanismo* a joué un rôle déterminant dans l'évolution de Petrobras, qui est aujourd'hui devenue une référence du milieu pétrolier, ce qui a été probablement le cas pour d'autres entreprises publiques comme Vale, Eletrobras, Siderbras, etc... à la même période, pas seulement dans le but d'approvisionner le marché intérieur, mais surtout pour forcer l'admiration du peuple brésilien à ces réussites nationales. Il convient de préciser que les banques ont joué un rôle essentiel dans le financement du développement industriel brésilien. La BNDES a assuré le financement du parc industriel brésilien. La BNDES est à la fois une entité intervenante, et de recherche, capable de se muer en «consultant » pour l'État, qui prêche des valeurs nationalistes, et définit le portefeuille d'activités des entreprises publiques. L'État définit la stratégie politique, et délègue toutes les activités entrepreneuriales à un intermédiaire qui connaît bien l'environnement industriel.

Les firmes privées ont participé à la croissance et à l'évolution de la multinationale, ainsi qu'à la diffusion d'une image positive d'une entreprise couronnée de succès. L'arrivée de nouveaux investisseurs privés, convergeant au développement du pays, a enrichi la culture économique nationale, et a, d'une certaine manière, perpétué la tradition de nationalisme économique, grâce à l'établissement d'une concurrence locale et à la croissance du parc industriel brésilien. Même si l'entrée en lice de nouvelles multinationales concurrentes contribue au processus de croissance nationale, leur participation est perçue comme une mesure libérale. Les décisions concernant Petrobras et la branche énergétique ont toujours été prises en fonction des intérêts de l'économie brésilienne.

En définitive, le coût de l'interventionnisme, plus communément appelé le coût-Brésil – englobe l'interventionnisme de l'État, dont les difficultés structurelles d'investissements au Brésil – fragilise la compétitivité du secteur privé au Brésil. L'interventionnisme a coûté très cher à l'État, d'un point de vue pratique, monétaire et financier, mais aussi d'un point de vue administratif. En effet, en refusant de libéraliser le système économique, susceptible de remettre en cause le nationalisme et le protectionnisme étatique, l'État s'est engagé à débloquer des fonds publics pour subvenir aux besoins de fonds de roulement de ses entreprises publiques. En définitive, le projet volontariste présente des avantages et des inconvénients. Les décisions portant sur les politiques économiques font prévaloir les intérêts nationaux sur toute logique économique. Elles ont conduit le Brésil à embrasser une logique développementaliste.

Références

Bioetanol De Cana-De-Açúcar: Energia Para O Desenvolvimento Sustentável. 2008. Rio de Janeiro: BNDES.

Cadernos De Estudos Estratégicos De Logística E Mobilização Nacionais. 2007. Rio de Janeiro: ESG.

Câmara Dos Deputados. En ligne. www.camara.gov.br.

Centro De Informações De Petróleo E Gás Natural Do Estado Do Rio De Janeiro. En ligne. http://www.petroleo.rj.gov.br/site/.

Cooperativa De Professionais Da Indústria Do Petróleo Ltda. En ligne. http://www.coopetroleo.com.br/phpb.htm.

«Decreto-Lei 53.337/63.». Dans *Congresso Nacional do Brasil.*

«Decreto-Lei 57.608/55.». Dans *Congresso Nacional do Brasil.*

«Especial Petrobras.». 2008. *Isto é.*

Instituto Brasileiro De Economia (Ibre-Fgv). En ligne. http://portalibre.fgv.br/main.jsp?lumPageId=402880811D8E34B9011D9 CCEF4BA7CD8.

Instituto Brasileiro De Geografia E Estatística (Ibge). En ligne. www.ibge.gov.br.

«Interview Avec Eike Batista.». 2011. *Globo News.* En ligne. http://globonews.globo.com/videos/v/manhattan-connection-entrevista-eike-batista/1459236/ (page consultée le mars 13).

«Lei 2.004/53.». Dans *Congresso Nacional do Brasil.*

«Lei 3.244/57.». Dans *Congresso Nacional do Brasil.*

«Lei 4.131/62.». Dans *Congresso Nacional do Brasil.*

«Lei 9.478/97.». Dans *Congresso Nacional do Brasil.*

Ministério Da Fazenda. En ligne. www.fazenda.gov.br.

Ministério De Minas E Energia. En ligne. www.mme.gov.br.

Ministério Do Desenvolvimento, Indústria E Comércio Exterior. En ligne. www.mdic.gov.br.

Ministério Do Planejamento. En ligne. www.planejamento.gov.br.

«Petrobras Tera R$ 91 Bi Para Investir Em 2011.». 2010. *Diário, Comércio, Indústria e Serviços (DCI).* En ligne. http://www.dci.com.br/Petrobras-tera-R$-91-bi-para-investir-em-2011---6-340738.html (page consultée le septembre 2).

«Petrobras Vai Buscar Tecnologia De Maior Rentabilidade Para Explorar Pré-Sal.». 2008. *Folha de São Paulo.* En ligne. http://www1.folha.uol.com.br/folha/dinheiro/ult91u440296.shtml (page consultée le septembre 1).

«Petroleiros Apresentam Projeto Pelo Monopólio Estatal Do Petróleo E Por Uma Petrobras 100% Pública.». 2009. *Agência Petroleira de Notícias.* En ligne. http://www.apn.org.br/apn/index.php?option=com_content&task=view&id =1243&Itemid=1 (page consultée le août 27).

Portal Da Legislação. En ligne. www.planalto.gov.br/legislacao.

Presidência Da República. En ligne. www.presidencia.gov.br.

«A Verdadeira História Do Pré-Sal.». 2009. *O Estado de São Paulo.*

Alem, Ana Claudia, et Carlos Eduardo Cavalcanti. 2005. «O Bndes E O Apoio À Internacionalização Das Empresas Brasileiras: Algumas Reflexões.» *Revista do BNDES*, 43-76.

Almeida, Paulo Roberto. 2007. «As Relações Econômicas Internacionais Do Brasil Nos Anos 1950 Aos 80.» *Revista Brasileira de Política Internacional*, 60-79.
ANP. dez. 2010. «Boletim Da Produção De Petróleo E Gás Natural.».
Aoun, Marie-Claire. 2008. «La Rente Petrolière Et Le Developpement Économique Des Pays Exportateurs.». Paris.
Aragão, Amanda Pereira. 2005. «Estimativa Da Contribuição Do Setor Petróleo Ao Produto Interno Bruto Brasileiro: 1955-2004.». Rio de Janeiro.
Araújo, João Lizardo, et André Ghirardi. 1986. «Substituição De Derivados Do Petróleo No Brasil: Questões Urgentes.» *Pesquisa e Planejamento*, dez., 745-71.
Azevedo, Bethânia Soares. 2007. «Análise Das Elasticidades Preço E Renda Da Demanda Por Combustíveis No Brasil E Desagregados Por Regiões Geográficas.». Rio de Janeiro.
Bandeira, Luiz Alberto Monis. 2008. «O Brasil Como Potência Regional E a Importância Estratégica Da América Do Sul Na Política Exterior.» *Revista Temas & Matizes*, 9-22.
Bastos, Pedro Paulo Zahluth. 2006. «A Construção Do Nacional-Desenvolvimentismo De Getúlio Vargas E a Dinâmica De Interação Entre Estado E Mercado Nos Setores De Base.» *Revista Economia*, dezembro, 239-75.
———. 2006. Sobre O Nacionalismo Do Segundo Governo Vargas: O Caso De Empresas Estatais E Filiais Estrangeiras No Ramo De Energia Elétrica. Paper read at XI Encontro Nacional de Economia Política, at Vitótia.
Benvegnú, Marcela Lomonaco. 2008. «Adaptação Estratégica Organizacional: O Caso Petrobras No Período De 1998 a 2007.». Niterói.
Biondi, Aloysio. 2000. *O Brasil Privatizado Ii: O Assalto Das Privatizações Continua*. São Paulo: Fundação Perseu Abramo.
———. 1999. *O Brasil Privatizado: Um Balanço Do Desmonte Do Estado*. São Paulo: Fundação Perseu Abramo.
Bosco, Flavio. setembro de 2003. «Editorial.» *Revista Petro & Química* (252).
Boura, Christian de Souza. 2007. «Aumento Da Produtividade Na Petrobras: Quebra Do Monopólio E Venda De Adrs.». Rio de Janeiro.
Bresser-Pereira, Luiz Carlos. 2003. *Desenvolvimento E Crise No Brasil: História, Economia E Política De Getúlio Vargas a Lula*. São Paulo: Editora 34.
———. 1983. «Moratória Parcial No Final De 1982.» *Folha de São Paulo*.
———. 2008. «Nacionalismo No Centro E Na Periferia Do Capitalismo.» *Estudos Avançados*, 171-93.
Bueno, Eduardo. 2003. *Brasil: Uma História, a Incrível Saga De Um País*. São Paulo: Ática.
Bueno, Ricardo. 1981. *O Abc Do Entreguismo No Brasil*. São Paulo: Vozes.
Campos, Adriana Fiorotti. 2005. «A Reestruturação Da Indústria Do Petróleo Sul Americana Nos Anos 90.». Rio de Janeiro.
———. 2005. «A Reestruturação Da Indústria Do Petróleo Sul-Americana Nos Anos 90.». Rio de Janeiro.
———. 1005. «Transformações Recentes No Setor Petrolíferi Brasileiro.» *Perspectiva Econômica*, jan./jun., 68-81.

Canelas, André L. S., et Carmen Alveal. 2004. Investimentos Em E&P De Petr-Óleo No Brasil Após a Abertura: Impactos Econômicos. Paper read at Anais do X Congresso Brasileiro de Energia, at Rio de Janeiro.

Cano, Wilson. 2010. «Uma Agenda Nacional Para O Desenvolvimento.» *Revista Tempo do Mundo*, ago, 7-39.

Cardoso, Fernando Henrique, et Enzo Faletto. 1979. *Dependency et Development in Latin America*. Los Angeles: University of California Press.

Cariello, Rafael. 2003. «Relatótio Link: Geólogo Dos Eua Sugeriu Desistir Da Exploração No Paós.» *Folha de São Paulo*. En ligne. http://www1.folha.uol.com.br/folha/especial/2003/petrobras50anos/fj031 0200309.shtml (page consultée le octobre 3).

Carneiro, Ricardo. 2002. *Desenvolvimento Em Crise: A Economia Brasileira No Último Quarto Do Século Xx*. São Paulo: Editora Unesp.

Carvalho, Getúlio. 1977. *Petrobrás: Do Monopólio Aos Contratos De Risco*. Rio de Janeiro: Forense Universitária.

Carvalho Jr., Celso. 2005. «A Criação Da Petrobras Nas Páginas Dos Jornais O Estado De São Paulo E Diário De Notícias.». Assis: UNESP.

Castro, Celso, et Maria Celina Soares D'Araujo. 2002. *Dossiê Geisel*. Rio de Janeiro: FGV.

Cavalcanti, Lauro. 2006. *Moderno E Brasileiro*. Rio de Janeiro: Zahar.

Celso, Afonso. 1901. *Porque Ufano Do Meu País*. Rio de Janeiro: Laemert & C. Livreiros.

Chade, Caliu. ANO. «A Autocrítica Do Movimento Nacionalista Brasileiro.» *Revista Brasiliense*, 88-91.

Chauí, Marilena, et Maria Sylvia Carvalho Franco. 1985. *Ideologia E Mobilização Popular*. Rio de Janeiro: Paz e Terra.

Contreras, Carmen Alveal. 1994. *Os Desbravadores: A Petrobras E a Construção Do Brasil Industrial*. Rio de Janeiro: Relume Dumará.

Costa, Armando Dalla, et Huáscar Fialho Pessali. 2009. «A Trajetória Da Internacionalização Da Petrobras Na Indústria De Petróleo E Derivados.» *Revista História Econômica & História e Empresas*, jan. jun, 5-32.

Costa, Aluizio Pestana da. 1995. «Petroquímica Brasileira: A História Do Seu Desenvolvimento.» *Revista Brasileira de Engenharia Química*, nov., 3-8.

Cruz, Paulo Davidoff. 1992. *Endividamento Externo E Tranferência De Recursos Reais Ao Exterior: Os Setores Público E Provado Nos Anos Oitenta*. Campinas: Unicamp.

da Rosa, Ádima Domingues. 2008. «Agências Reguladoras E Estado No Brasil: Reformas E Reestruturação Neoliberal Os Anos 90.». Marília.

de Araujo, Victor Leonardo Figueiredo Carvalho. 2007. «Revisitando O Desenvolvimento Brasileiro: O Bnde E O Financiamento De Longo Prazo - 1952-1964.». Niterói.

de Castro, Antonio Barros, et Francisco Eduardo Pires de Souza. 1985. *A Economia Brasileira Em Marcha Forçada*. Rio de Janeiro: Paz e Terra.

de Moraes, Thiago. 2007. «Panorama Recende Do Comércio Exterior Brasileiro: Um Estudo Comparatico (2003-2006) Entre as Principais Cidades Exportadoras Do Estado De São Paulo.» *Revista de Negócios Internacionais*, 51-7.

Dias, Guilherme Leite da Silva. 2006. «Brasill O Futuro Da Economia.» *Estudos Avançados*, 61-74.

Dias, José Luciano de Mattos, et Maria Ana Quaglino. 1993. *A Questão Do Petróleo No Brasil: Uma História Da Petrobras*. Rio de Janeiro: FGV.

Domingos, Charles Sidarta Machado. 2009. «O Nacionalismo Na Experiência Democrática Brasileira (1945-1964).» *Revista Anos Noventa*, julho, 293-313.

Escobar, Herton. 2007. «Rede De Pesquisa Tentará Simular E Solucionar Desafios Do Pré-Sal.» *O Estado de São Paulo*. En ligne. http://www.estadao.com.br/noticias/impresso,rede-de-pesquisa-tentara-simular-e-solucionar-desafios-do-pre-sal,364574,0.htm (page consultée le novembre 18).

Falleti, Tulia. 2006. «Efeitos Da Descentralização Nas Relações Intergovernamentais: O Brasil Em Perspectiva.» *Sociologias*, jul./dez., 46-85.

Faucher, Philippe. 1981. «The Paradise That Never Was: The Breakdown of the Brazilian Authoritan Order.» Dans dir. *Authoritarian Capitalism: Brazil's Contemporary Economic et Political Development*. Boulder, Colorado: Westview Press.

Fausto, Boris. 2000. *A História Do Brasil*. São Paulo: USP.

Fazenda, Ministério da. Avril 2010. «Evolução Da Dívida Externa E Da Dívida Pública.».

Felipe, Ednilson Silva. 2010. «Mudanças Institucionais E Estratégicas Empresariais: A Trajetória E O Crescimento Da Petrobras a Partir Da Sua Atuação No Novo Ambiente Competitivo (1997-2010).». Rio de Janeiro.

Ferreira, Pablo Gabriel. 2009. «A Petrobras E as Reformas Do Setor De Petróleo E Gás No Brasil E Na Argentina.» *Revista de Sociologia Política*, 85-96.

Freyer, Ana Beatriz Vila. 2009. «Protective Liberalization: The State et the Mexican Petrochimical Industry 1958-2000.». Montréal.

Furtado, André Tosi. 1998. «A Trajetória Tecnológica Da Petrobras Na Produção Offshore.» *Revista de ciência e tecnologoa*, 76-107.

Furtado, André Tosi, et Adriana Gomes Freitas. 2004. «Nacionalismo E Aprendizagem No Programa De Águas Profundas Da Petrobras.» *Revista Brasileira de Inovação*, janeiro/junho, 55-86.

Furtado, Celso. 1992. *A Contrução Interrompida*. Rio de Janeiro: Paz e Terra.

———. 2007. *Formação Econômico Do Brasil*. Rio de Janeiro: Companhia das Letras.

———. 1979. *Formação Econômica Do Brasil*. São Paulo: Cia Editora Nacional.

———. 1999. *Introdução Ao Desenvolvimento: Enfoque Histórico-Estrutural*. Rio de Janeiro: Paz e Terra.

———. 1982. *A Nova Dependência*. Rio de Janeiro: Paz e Terra.

———. 1981. *O Brasil Pós-Milagre*. Rio de Janeiro: Paz e Terra.

———. 1992. *O Capitalismo Global*. Rio de Janeiro: Paz e Terra.

———. 1999. *O Longo Amanhecer: Sobre a Formação Do Brasil*. Rio de Janeiro: Paz e Terra.

Galeano, Eduardo. 2007. *As Veia Abertas Da América Latina*. Rio de Janeiro: Paz e Terra.

Geisel, General Ernesto. 1975. «Pronunciamento À Nação Sobre a Situação Econômica.», ed. Cadeia Nacional.

149

Gellner, Ernest. 1983. *Nações E Nacionalismo*. Lisboa: Gradiva.
————. 2000. «O Advento Do Nacionalismo E Sua Interpretação: Os Mitos Da Nação Da Classe.» Dans dir. *Um Mapa Da Questão Nacional*. Rio de Janeiro: Contraponto.
Goldemberg, José, et Oswaldo Lucon. 2007. «Energia E Meio Ambiente No Brasil.» *Estudos Avançados*, jan./abr., 7-20.
Grün, Roberto. 2003. «Fundos De Pensão No Brasil Do Final Do Século Xx: Guerra Cultural, Modelos De Capitalismo E Destinos Das Classes Médias.» *Mana, Estudos de Antropologia Social*, 7-38.
Hobsbawm, Eric. 1995. *A Era Dos Extremos: O Breve Século Xx, 1914-1991*. São Paulo: Companhia das Letras.
————. 2002. *Nações E Nacionalismo Desde 1780*. Rio de Janeiro: Paz e Terra.
Ianni, Octavio. 1971. *O Colapso Do Populismo No Brasil*. Rio de Janeiro: Civilização Brasileira.
Jaguaribe, Hélio. 1958. *Condições Institucionais Do Desenvolvimento*. Rio de Janeiro: ISEB.
————. 1958. *O Nacionalismo Na Atualidade Brasileira*. Rio de Janeiro: ISEB.
Lamounier, Bolívar. 1979. «O Iseb: Notas À Margem De Um Debate.» *Discurso*, nov, 153-8.
Levine, Robert M. 2001. *Pai Dos Pobres?: O Brasil Na Era Vargas*. São Paulo: Companhia das Letras.
Lima, Haroldo. 2008. *Petróleo No Brasil: A Situação, O Modelo E a Política Atual*. Rio de Janeiro: Sinergia.
Lima, Paulo César Ribeiro. 2008. «Assembléia Nacional Constituinte: Subcomissão De Princípios Gerais, Intervenção Do Estado, Regime Da Propriedade Do Subsolo E Da Atividade Econômica.». Brasília: Câmara dos Deputados.
————. 2008. «Os Desafios, Os Impactos E a Gestão Da Exploração Do Pré-Sal.». Brasília: Câmara dos Deputados.
Loivos Jr, Luís Jorge da Silva. 2004. «Anos Jk: Planejamento Econômico Nacional E Regiona;.» *Revista CADE-FMJ*, julho/dezembro, 153-72.
Lovatto, Angélica. 1996. «A Utopia Nacionalista De Hélio Jaguaribe - Os Temos Do Iseb.» *Revista Lutas Sociais*, 59-88.
Lucchesi, Celso Fernando. 1998. «Petróleo.» *Estudos Avançados*, 17-40.
Luna, Denise. 2008. «Pré-Sal Se Estende Até O Ceará, Diz Geólogo.» *Reuters Brasil*. En ligne. http://br.reuters.com/article/domesticNews/idBRSPE49G0K520081017 (page consultée le octobre 17).
Magalhães, Juracy. 1996. *O Último Tenente*. Rio de Janeiro: Record.
Mantega, Guido. 1997. «O Governo Geisel, O Ii Pnd E Os Economistas.» *Relatório de pesquisa*, 1-62.
Marinho Jr., Ilmar Penna. 1989. *Petróleo: Política E Poder - Um Novo Choque Do Petróleo?* Rio de Janeiro: José Olympio Editora.
Matoso, Rafael Silva. 2009. *Leilões De Blocos Exploratórios De Petróleo E Gás No Brasil: Estudo Do Papel Da Petrobras*. Mémoire de Maîtrise en Science Économique.
Megginson, William L., et Jeffry M. Netter. 2001. «From State to Market: A Survey of Empirical Studies on Provatization.» *Journal of Economic Literature*, 321-89.

Miranda, Maria Augusta Tibiriçá. 2004. *O Petróleo É Nosso: A Luta Contra O "Entreguismo", Pelo Monopólio Estatal*. São Paulo: Ipsis.

Montoro Filho, André Franco. 1998. *Manual De Economia*. São Paulo: Saraiva.

Moreira, Vânia Maria Losada. 2003. «Os Anos Jk: Industrialização E Modelo Oligárquico De Desenvolvimento Rural.» Dans dir. *O Brasil Republicano - O Tempo Da Experiência Democrática (Da Democratização De 1945 Ao Golpe Civil-Miitar De 1964)*. Rio de Janeiro: Civilização Brasileira.

Nogueira, Arnaldo José Franca Mazzei. 2006. «Um Balanço Das Relações De Trabalho No Setor Público Brasileiro Na Transição Do Governo De Fhc Pra O Governo De Lula.» *Informações FIPE*, 16-22.

OGX. En ligne. www.ogx.com.br.

Ortiz Neto, José Benedito, et Armando João Dalla Costa. 2007. «A Petrobras E a Exploração De Petróleo Offshore No Brasil: Um Approach Evolucionário.» *Revista Brasileira de Econo,oa*, Jan-Mar, 95-109.

Ortiz, Renato. 1994. *Cultura Brasileira E Identidade Nacional*. São Paulo: Brasiliense

Pamplona, Nicola, et Kelly Lima. 2010. «Shell Encontra Petróleo No Pré-Sal.» *Estadão*. En ligne. http://www.estadao.com.br/noticias/impresso,shell-encontra-petroleo-no-pre-sal,616799,0.htm (page consultée le septembre 29).

Passarinho, Jarbas. 1997. *Um Híbrido Fértil*. Porto Alegre: Expressão e Cultura.

Pécaut, Daniel. 1990. *Os Intelectuais E a Política No Brasil: Entre O Povo E a Nação*. São Paulo: Ática.

Pereira, José Matias. 2003. *Economia Brasileira*. São Paulo: Atlas.

Petrobras. En ligne. www.petrobras.com.br.

Pires, Paulo Valois. 2000. *A Evolução Do Monopólio Estatal Do Petróleo*. Rio de Janeiro: Lumén Juris.

Prado Jr., Caio. 1955. «Nacionalismo E Capital Estrangeiro.» *Revista Brasiliense*, nov./dez., 80-93.

Prado, Sérgio. 1990. *Regulação Estatal E Financiamento Da Unidade Produtiva Estatal*. Campinas: Unicamp.

Ramos, Alberto Guerreiro. 1963. *Mito E Verdade Da Revolução Brasileira*. Rio de Janeiro: Zahar Editores.

———. 1960. *O Problema Nacional Do Brasil*. Rio de Janeiro: Saga.

Rego, José Maria, et Rosa Maria Marques. 2000. *Economia Brasileira*. São Paulo: Saraiva.

Ribeiro, Fernanda Cecília Ferreira, et Felipe Mendes Borini. 2010. «Desinvestimento Nos Processos De Internacionalização: O Caso Peteobras.» *Revista Administração em Diálogo*, 20-42.

Rosa, Luiz P., et Maurício T Tolmasquin. 1996. *A Regulamentação Do Setor Petrolífero Brasileiro: Refletindo Sobre O Futuro*. Rio de Janeiro: COPPE/UFRJ.

Rosas, Rafael. 2009. «Ogx Aposta Em Reservatórios Do Pós-Sal Para Iniciar Exploração.» *Jornal O Globo*. En ligne. http://oglobo.globo.com/economia/mat/2009/02/12/ogx-aposta-em-reservatorios-do-pos-sal-para-iniciar-exploracao-754385222.asp (page consultée le fevrier 12).

Santana, Carlos Ribeiro. 2006. «O Aprofundamento Das Relações Do Brasil Com Os Países Do Oriente Médio Durante Os Dois Choques Do Petróleo

Da Década De 970: Um Exemplo De Ação Pragmática.» *Revista Brasileira de Política Intenacional*, 157-77.

Saraiva, Enrique. 2004. «Estado E Empresas Estatais. Criação E Crescimento. O Papel Das Empresas Estatais Como Instrumento De Política Pública.». Brasília: Ministério do Planejamento, Orçamento e Gestão.

Sardón, José Maria de Juana (dir). 2007. *Energías Renovables Para El Desarrollo*. Madrid: Paraninfo.

Schartzman, Simon. 1979. *O Pensamento Nacionalista E Os Cadernos De Nosso Tempo*. Brasília: Editora da UNB.

Scheshinski, Eytan, et Luís F. Lopez-Calva. 2003. «Privatization et Its Benefits: Theory et Evidence.» *CESifo Economic Studies*, 429-59.

Schneider, Ben Ross. 1997. «Big Business et the Politics of Economic Reform: Confidence et Concentation in Brazil et Mexico.» Dans dir. *Business et State in Developing Countries*. Ithaca, NY: Cornell University Press.

———. 1999. «The Desarollista State in Brazil et Mexico.» Dans dir. *The Developmental State*. Ithaca, NY: Cornell University Press.

Shapiro, Helen. 1994. *Ngines of Growth: The State et Transnational Auto Companies in Brazil*. New York: Cambridge University Press.

———. 1994. *Winners et Losers: How Sectors Shape the Developmental Prospects of States*. Ithaca, NY: Cornell University Press.

Silva, Marta Zorzal. 2001. «A Companhia Vale Do Rio Doce No Contexto Do Estado Desenvolvimentista.». São Paulo.

Skidmore, Thomas E. 1982. *Brasil: De Getúlio À Castello (1930-64)*. Rio de Janeiro: Paz e Terra.

Sodré, Nelson Werneck. 1992. *A Ofensiva Reacionária*. Rio de Janeiro: Bertrand Brasil.

———. 1978. *A Verdade Sobre O Iseb*. Rio de Janeiro: Avenir.

Teixeira, Alexandre. 2010. «A Petrobras E O Imponderável Político.» *Revista Época*. En ligne. http://colunas.epocanegocios.globo.com/financasdebolso/category/petro bras (page consultée le octobre 8).

Toledo, Caio Navarro. 2005. «50 Anos De Fundação Do Iseb.» *Jornal da Unicamp* (296): 11.

Toledo, Caio Navarro de. 2005. *Intelectuais E Política No Brasil*. Rio de Janeiro: Revan.

———. 1982. *Iseb: Fábrica De Ideologias*. São Paulo: Ática.

Veloso, Fernando A., et Fabio Giambiagi. 2008. «Determinantes Do "Milagre" Econômico Brasileiro (1968-1973): Uma Análise Empírica.» *Revista Brasileira de Economia*, abr-jun, 221-46.

Victor, Mario. 1970. *A Batalha Do Petróleo Brasileiro*. Rio de Janeiro: Civilização Brasileira.

Vizentini, Paulo Fagundes. 2003. *Relações Internacionais Do Brasil: De Vargas a Lula*. São Paulo: Fundação Perseu Abramo.

Weffort, Francisco Corrêa. 2003. *O Populismo Na Política Brasileira*. Rio de Janeiro: Paz e Terra.

Woo-Cumings, Meredith. 1999. «Introduction: Chalmers Johnson et the Politics of Nationalism et Development.» Dans dir. *The Developmental State*. Ithaca, NY: Cornell University Press.

———. 1996. «The Ties That Bind? Autonomy, Embeddedness, et Industrial Development.» *Political Power et Social Theory*, 307-20.

Woo-Cumings, Meredith (dir). 1999. *The Developemental State*. Ithaca, NY: Cornell University Press.

Yergin, Daniel. 2010. *O Petróleo: Uma História Mundial De Conquistas, Poder E Dinheiro*. Rio de Janeiro: Paz e Terra.